T0198929

essentials liefern aktuelles Wissen in konzentrierter Form. Die Essenz dessen, worauf es als „State-of-the-Art" in der gegenwärtigen Fachdiskussion oder in der Praxis ankommt. *essentials* informieren schnell, unkompliziert und verständlich

- als Einführung in ein aktuelles Thema aus Ihrem Fachgebiet
- als Einstieg in ein für Sie noch unbekanntes Themenfeld
- als Einblick, um zum Thema mitreden zu können

Die Bücher in elektronischer und gedruckter Form bringen das Expertenwissen von Springer-Fachautoren kompakt zur Darstellung. Sie sind besonders für die Nutzung als eBook auf Tablet-PCs, eBook-Readern und Smartphones geeignet. *essentials*: Wissensbausteine aus den Wirtschafts-, Sozial- und Geisteswissenschaften, aus Technik und Naturwissenschaften sowie aus Medizin, Psychologie und Gesundheitsberufen. Von renommierten Autoren aller Springer-Verlagsmarken.

Weitere Bände in der Reihe http://www.springer.com/series/13088

Martina Eckert

Online-Lehre mit System

Wie man in der digitalen Lehre passgenaue Lernimpulse setzt und neue Lernerfahrungen ermöglicht

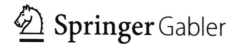 Springer Gabler

Martina Eckert
Institut ViWa, Witten, Deutschland

ISSN 2197-6708   ISSN 2197-6716 (electronic)
essentials
ISBN 978-3-658-32669-2   ISBN 978-3-658-32670-8 (eBook)
https://doi.org/10.1007/978-3-658-32670-8

Die Deutsche Nationalbibliothek verzeichnet diese Publikation in der Deutschen Nationalbibliografie; detaillierte bibliografische Daten sind im Internet über http://dnb.d-nb.de abrufbar.

Planung/Lektorat: Rolf-Guenther Hobbeling
Springer Gabler ist ein Imprint der eingetragenen Gesellschaft Springer Fachmedien Wiesbaden GmbH und ist ein Teil von Springer Nature.
Die Anschrift der Gesellschaft ist: Abraham-Lincoln-Str. 46, 65189 Wiesbaden, Germany

Was Sie in diesem *essential* finden können:

- Einen Überblick über lernpsychologische Zusammenhänge, Chance und Risiken beim digitalen Lernen.
- Eine Einführung in Hochschullehre nach dem Lernzyklusmodell von David Kolb.
- Tipps und Beispiele für eine mehrschrittige und abwechslungsreiche Online-Lehre, die an individuelle Lernstile und Lernmechanismen angepasst ist.
- Anregungen für digitales Lernen bei onlinebasierter Präsenzlehre, Blended Learning und Remote-Lehre.
- Eine Planungshilfe für ganzheitliches digitales Lernen.

Zusammenfassung

Online-Lehre fordert Lehrende, sich aus der Komfortzone tradierter Lehrformen herauszubewegen. Doch der Aufwand lohnt sich. Durch mehrschrittige und abwechslungsreiche Lernimpulse kann Online-Lehre Studierende mit unterschiedlichen Lernstilen erreichen und sie dazu befähigen, ganzheitliche Lernerfahrungen zu sammeln. Das Lernzyklus-Modell von Kolb (1984) bietet sich als Basisgerüst für eine Online-Lehre mit System an. Es liefert eine Klassifikation in Lernstil-Typen und überzeugt durch die Präzisierung gut nachvollziehbarer Lernprozesse. Beide Komponenten werden benötigt, um Lernchancen und -risiken zu antizipieren und passgenaue Lernangebote zu unterbreiten. Die digitale und die lernpsychologische Perspektive werden in diesem *essential* miteinander verwoben. Ziel ist es, didaktische Möglichkeiten aufzuzeigen und praktikable Lösungen für eine Online-Lehre mit System zu skizzieren.

Inhaltsverzeichnis

Über die Autoren

Prof. Dr. Martina Eckert, Hochschule für Polizei und öffentliche Verwaltung NRW, Institut ViWa, Meesmannstraße 8, 58456 Witten, prof.eckert@gmx.de. Verlinkung auf www.viwa.nrw

Prof. Dr. Martina Eckert ist Sozialpsychologin. Seit 1998 lehrt sie an der Hochschule für Polizei und öffentliche Verwaltung NRW. Mit der Anwendung des Kolbschen Erfahrungslernens (1984) im Rahmen von „Higher Education" beschäftigt sie sich in Forschung und Lehre seit 2011. Im Institut „Verwaltung im Wandel e.V." (ViWa NRW) bietet Prof. Dr. Martina Eckert zusammen mit Kolleg*innen Projekte und Beratung in den Bereichen Mobile Arbeit, Führung und Interkultur für die öffentliche Verwaltung an.

Einleitung 1

Der Sozialpsychologe Harald Welzer verglich im Frühsommer 2020 in seinen Interviews die Corona-Zeit mit einer gigantischen Versuchsanordnung [3]: Menschen fanden sich plötzlich veränderten Bedingungen ausgesetzt, auf die sie mit verfügbaren, zuweilen begrenzten Ressourcen reagieren mussten. Im Hochschulbereich bedeutet dies: Studierende mussten ausschließlich aus der Distanz unter Verwendung digitaler Instrumente motiviert, im Lernprozess begleitet, mit neuen Lerninhalten versorgt und ihre Leistung beurteilt werden. Erfahrungen im Umgang mit digitalen Tools und Lernplattformen erleichterten die unerwartete Radikalumstellung. Wer in der Lage war, akzeleriert zu lernen und mutig Neues auszuprobieren, war klar im Vorteil.

Weil nicht alle präsenzbezogenen Lehrgewohnheiten ohne Weiteres auf die Online-Lehre übertragbar sind, kann es im Rahmen solcher didaktischen Umbrüche zu zusätzlichen Belastungen und Lerneinbußen kommen. Ob Pläne am Ende aufgehen, lässt sich ohne persönlichen Kontakt im Vermittlungsprozess noch schwerer feststellen als in der Präsenzlehre. Das Risiko steigt, Lernende im Lernprozess zu verlieren, ohne es zu bemerken.

Bei der Umstellung auf Online-Lehre, kann man leicht der Illusion erliegen, es ginge vorrangig um das Beherrschen neuer Techniken. Ohne Frage, wer bisher vorhandene Plattformen überwiegend als Ablageordner genutzt oder Materialien ausschließlich via E-Mail verschickt hat, hat seit Corona einiges aufzuholen. Workshops und Tutorials vermitteln, wie man Videokonferenzen einrichtet, Umfragen auf einer Lernplattform generiert oder eigene Lehrfilme und Quizzen und Screencasts erstellt. Alle diese Aktivitäten sind richtig und nützlich. Die Konzentration auf technische und methodische Lösungen verschleiert jedoch, dass es bei der Online-Lehre – wie in jedem anderen didaktischen Kontext – erst an zweiter Stelle um das WIE geht.

© Der/die Autor(en), exklusiv lizenziert durch Springer Fachmedien Wiesbaden GmbH, ein Teil von Springer Nature 2020
M. Eckert, *Online-Lehre mit System*, essentials,
https://doi.org/10.1007/978-3-658-32670-8_1

An erster Stelle steht das WIESO, dann erst das WOMIT. Lerninhalte können medial und digital modern aufbereitet sein und doch das Lehrziel komplett verfehlen. Wird Informationen zwar ansprechend präsentiert, Wissen jedoch nicht adäquat vertieft, bleibt oft weniger hängen als gedacht. Auch bei der Online-Lehre steht die Klärung, welche Lernimpulse- und Lerninhalte punktgenau Sinn machen, am Anfang jeder Lehrplanung. Es werden brauchbare Kriterien benötigt. Früher hätte man das Vorgehen lehrzielorientierte Unterrichtsplanung genannt. Warum diese bei der Online-Lehrplanung facettenreicher und vorausschauender ausfallen muss als in der Präsenzlehre, wird später noch ausgeführt. Eines sei bereits vorausgestellt: Bei der Planung und Gestaltung von Online-Lehre müssen stärker als in der Präsenzlehre Lernprozesse antizipiert und Lernschleifen eingeplant werden.

Übersicht
Der Lernzyklus von David Kolb [8, 7] wird im Rahmen dieses Essentials als Orientierungsrahmen vorgestellt. Er eignet sich, wie zahlreiche Studien belegen [11], ausgezeichnet für die Hochschullehre. Es wird erörtert, wie sich vor dem Hintergrund des Kolbschen Modells Lehr- und Lernmethoden sinnvoll kombinieren und gestalten lassen.

NutzerInnen müssen nicht zu den Könner*innen beim Blended Learning oder in der Online-Lehre gehören. Viele lernpsychologisch sinnvolle Prozesse lassen sich sogar mit konventionellen, leicht adaptierten Methoden und Medien aus der Präsenzlehre bewältigen. Der große Vorteil digitaler Instrumente ist jedoch, dass sich schwerfällige oder aufwendige Lehrschritte und Feedbackprozesse mit ihnen gut verschlanken lassen. Was in Präsenz nur synchron funktioniert, lässt sich z. B. durch Online-Tools zeitlich entzerren, genau terminieren und personalisieren, sodass für die/den Lehrende/n andere Freiräume entstehen.

Ziel des Essentials ist es, zu erkennen, welcher Lernzugang sich am besten im Lernprozess eignet. Lehrende sollen außerdem in die Lage versetzt werden, das eigene digital-didaktische Repertoire schrittweise zu erweitern.

Ein konzeptgeleitetes Vorgehen mindert das Risiko, sich im Dschungel der zahlreichen Angebote und Empfehlungen zu verzetteln oder in einen ineffizienten Trial-und-Error-Modus zu verfallen. Niemand kann aus den hunderten von Lern-Apps, Informations- und Medien-Pools zielsicher die richtigen auswählen und versiert anwenden. Vermieden werden soll was Mark Twain meinte als er sagte:

„Nachdem wir das Ziel endgültig aus den Augen verloren hatten, verdoppelten wir unsere Anstrengungen".

Online-Lehre mit System – Lehren neu denken

2

Was bei konventioneller Lehre gut eingeübt scheint, fordert unter den Vorzeichen einer ausgeweiteten Digitalisierung der Lehre Neupositionierung und Modifizierung. Im Grund geht es darum, für die eigene Hochschullehre ein erweitertes Mindset zu entwickeln. Mindsets sind gut eingeübte Denkgewohnheiten. Sie stellen in einer stabilen Umwelt Kontinuität sicher, verhindern jedoch manchmal, dass Denken und Handeln sich neuen Herausforderungen anpassen kann.

Im Hochschulkontext wird die Ausgestaltung der Lehre häufig vom Mindset von Lehrenden dominiert. Das heißt, wie Lehrende selbst gelernt haben und wie sie als erfahrene Hochschullehrer*innen Wissen selbst anhäufen, wird häufig zur Folie für ihre Lehrplanung. Zwar haben sich durch hochschuldidaktische Schulungen in den letzten 20 Jahren die Lehrgewohnheiten gewandelt, digitale und visuelle Darbietungsformen zogen in die Hochschullehre ein. Manche Universitäten (z. B. [15]) lösen sich sogar komplett von klassischen Lehrformaten. Sie arbeiten zusammen mit Studierenden projektfokussiert in vollkommen (auch architektonisch) neuen Lernräumen. Der „Shift from Teaching to Learning" ([1]) als Grundlage des Bolognaprozesses hat sich jedoch auch nach 20 Jahren noch nicht flächendeckend in allen Fachdisziplinen etablieren können. Tradierte Mindsets sind außerordentlich robust und Teaching ist in vielen Fällen nach wie vor wichtiger als Lerncoaching.

Es steht außer Frage: Wer gute Online-Lehre will, muss als Lehrende/r die Komfortzone verlassen und gewohnheitsbedingte Trägheiten überwinden. Weder kann es darum gehen, die Online-Lehre zum einfachen Abklatsch der Präsenzlehre zu machen – wer meint, er könne seine frontale Lehre einfach dadurch ersetzen, dass er sie vor der Webcam ausführt, der irrt. Noch sichern ausgefeilte Gaming-Elemente automatisch Lernerfolg, wenn Studierende sich mit der Vertiefung von Wissen schwertun. Klassische und spielerische Herangehensweisen

M. Eckert, *Online-Lehre mit System*, essentials, https://doi.org/10.1007/978-3-658-32670-8_2

sind im richtigen Kontext wertvoll. Ohne Rückbindung an eine übergeordnete Lehrstrategie und ohne Passung zu basalen Lernmechanismen können sie die beabsichtigte Wirkung jedoch kaum entfalten.

2.1   Stellschrauben für die Lehre

Der Kontext für das Lernen an Hochschulen wird bestimmt durch Lehrpläne, die Lernumgebung, individuelle Lernpräferenzen und -stile, Aufmerksamkeits- und Gedächtniskapazitäten und Instruktionslogistik. Das sind die Stellschrauben. Zu allen diesen Komponenten liefern uns verschiedene Fachdisziplinen eine Vielfalt von Erklärungen und Empfehlungen. Zuweilen muten Ansätze plausibel an, wie beispielsweise die einfache Unterscheidung in visuelle und auditive Lerntypen [16], helfen aber angesichts der Heterogenität der Zielgruppe in der Anwendung nicht immer weiter. Oder Lernzusammenhänge sind theoretisch so anspruchsvoll, dass sie sich kaum für den Transfer im Lernkosmos Hochschule eignen.

Grundlage einer „Online-Lehre mit System" ist ein gut handhabbares, ökonomisches Modell, das es erlaubt, einzelne Lern- und Arbeitsschritte systematisch zu planen und aufeinander so abzustimmen, dass Lernen zu jeder Zeit kontext- und personenbezogen gesteuert werden kann. Das ist auch deshalb wichtig, weil die Umstellung von der Präsenzlehre auf Blended Learning oder die reine Remote-Lehre ein kreativer Prozess und deshalb besonders zeitaufwendig ist. Sie ist mehr- und kleinschrittiger als konventionelle Lehre. Interaktion und Kollaboration müssen zusätzlich aktiviert und gesteuert und Feedback unter erschwerten Bedingungen gegeben werden. Dazu kommen neue Betreuungsformen, Moderation und Leistungsüberprüfung, ohne die man auch bei Online-Lehre nicht auskommt. Wer möchte da Zeit in Dysfunktionales investieren?

Benötigt wird also eine Navigationshilfe. Sie soll verdeutlichen, welche Impulse Studierende zu bestimmten Zeiten in ihrem Lernprozess benötigen und wie digitales Lernen reife Lernprozesse unterstützen kann.

2.2   Warum Modelle für ein Lehr-Design so hilfreich sind

„Es gibt nichts Praktischeres als eine Theorie". Dieses Zitat stammt von Kurt Lewin (1890–1947 [12]), der durch die Anwendung seiner Forschung in pädagogischen (Gruppendynamik) und gesellschaftlichen Arbeitsfeldern bekannt wurde. Zeit seines Lebens bemühte sich Lewin darum, Modelle und Systematiken im Alltag zu identifizieren, sie empirisch, z. B. durch Feldforschung zu belegen und sie in der Praxis anzuwenden. Seine Untersuchungen mit Lippitt und White zur Rolle von Führung und Kooperation für das Auflösen von Vorurteilen, die er in Feriencamps durchführte, sind legendär [13].

Eine Theorie – oder etwas weniger hoch aufgehängt – ein Modell macht die wesentlichen Wirkfaktoren und Zusammenhänge transparent. Man erkennt die Stellschrauben. Wird mithilfe einer modellhaften Vorstellung ein Grundprinzip erst einmal verstanden, gelingt der Transfer auf unvertraute oder schlecht vorhersagbare Situationen und Phänomene weitaus besser als ohne diesen Orientierungsrahmen.

Hat der Tennis- oder Billardspieler die physikalischen Grundprinzipien des Ballverhaltens erfasst, kann er sich gezielt verbessern. Ansonsten könnte er nur durch Wiederholung lernen. Die Orientierung am Kommunikationsmodell von Schulz van Thun (1981 [18]) bietet eine überschaubare und gut abrufbare Systematik, mit deren Hilfe man sein Kommunikationsverhalten steuern kann, will man jemanden für sich einnehmen oder die eigene, emotional getönte Impulsivität in Gesprächen überwinden.

Ein brauchbares Modell für die Hochschullehre ist das Lernzyklus-Modell von Kolb [8, 7]. Kolb trug bereits in den 1970er Jahren Erkenntnisse aus der Entwicklungs- Sozial- und kognitiven Psychologie zusammen und entwickelte ein ganzheitliches Modell für die Hochschullehre und Erwachsenbildung. Im Mittelpunkt steht das so genannte „Erfahrungslernen", das eine gute Passung zu den Kernansprüchen des Bolognaprozesses „Employability" (Berufsfähigkeit) und Lebenslanges Lernen, aufweist [20]. Es liefert einen Rahmen für ein Lehr- und Online-Lehre-Design, weil es verdeutlicht, was Lernende zu unterschiedlichen Zeitpunkten benötigen.

Risiken der Online-Lehre – Dysfunktionale Lernstrategien übersehen

Ausblick

Bevor wir in das Design für Online-Lehre einsteigen, ist es notwendig, sich mit den besonderen Risiken auseinanderzusetzen. In Kapitel 3 werden exemplarisch drei Komponenten skizziert, die für individuelle Unterschiede beim Lernen verantwortlich sind. Es soll verdeutlicht werden, warum manche Lernende bei der Umstellung auf Online-Lehre aussteigen: Man verliert sie häufig an die eigenen, unflexiblen Lerngewohnheiten.◄

Wie Menschen lernen, ist ein Produkt aus Anlage und Umwelteinflüssen, was unter anderem individuelle Unterschiede beim Lernen erklärt. Relevante Komponenten, die Studierende in die Hochschule mitbringen, sind u. a. mentale Fähigkeiten, kognitive Kontrollen und kognitive Stile [4]. Alle bilden sich im Laufe des Lernlebens aus und werden durch Hochschullehre überformt. Setzt man in der Online-Lehre ungünstige Lernimpulsen, lässt man Lernende mit ihren verinnerlichten, z. T. dysfunktionalen Lernstrategien allein. Was in der Präsenzlehre durch eine erhöhte Achtsamkeit der/des Lehrenden regulierbar wäre, entzieht sich bei Online-Lehre weitgehend der Kontrolle.

3.1 Mentale Fähigkeiten

Mentale Fähigkeiten sind eng mit intellektuellen Kapazitäten (z. B. Intelligenz) verknüpft. Die Wahrnehmungsgeschwindigkeit, verbale Ausdrucksfähigkeit oder

M. Eckert, *Online-Lehre mit System*, essentials,
https://doi.org/10.1007/978-3-658-32670-8_3

Abb. 3.1 Feldabhängigkeit
– Test

kognitive Flexibilität gehören zu mentalen Fähigkeiten. Greifen wir Feldabhängigkeit [21] und kognitive Komplexität [6] heraus: Feldunabhängige Lernende sind z. B. analytisch, häufig intrinsisch motiviert und können sich auch unter Stress schneller von den Umgebungsstrukturen lösen als Feldabhängige. Sie haben außerdem eine höhere Ambiguitätstoleranz und können Gesetzmäßigkeiten aus einem Lernfeld auf ein anderes transferieren. Was Feldabhängigkeit bedeutet, lässt sich leicht an einer einfachen Übung demonstrieren. Verbinden Sie in Abb. 3.1 alle Punkte mit vier Linien, ohne den Stift abzusetzen, also in einem Zug.

Begreift man die 9 Punkte als Außenbegrenzungen eines Feldes, lässt sich die Aufgabe nicht lösen. Versuchen Sie es, indem Sie „out of the box" denken. (Auflösung im Anhang).

Auch kognitive Flexibilität betrifft die Fähigkeit einer Person, störende Reize zu ignorieren und auf relevante Reize schnell zu reagieren und zu fokussieren. Kognitive Flexibilität und Feldunabhängigkeit haben einen entscheidenden Einfluss darauf, wie mit digital dargebotenen Informationen umgegangen wird. Material, das die eine Person aktiviert, kann eine andere lahmlegen. Ablenkende Lernumgebungen lassen die/den einen kalt. Andere benötigen beim Home-Learning eine gut abgrenzbare Arbeitsumgebung und eine übersichtliche Aufgabenstruktur. Was sich der einen Person sofort erschließt, bleibt der anderen ohne einen weiterführenden Impuls, der sie dazu bringt, in eine andere Richtung zu denken oder die Perspektive zu weiten, verborgen.

Beispiel

Im Exploratorium, einem Hands-on Museum in San Francisco gab es in den 1990er Jahren einen Raum, an dessen zwei Enden lange Seile von der Decke hingen[1]. Besucher*innen hatten den Auftrag als Einzelpersonen diese Seile in der Mitte zu verbinden. Das gelingt nicht, wenn man einen Strang greift und sich in Richtung der gegenüberliegenden Seite bewegt. Der Abstand ist zu groß. Manche grübeln lange. Scheinbar zufällig ging ab und zu einer der

---

[1]Das Phänomen ist auch als Funktionale Fixierung bekannt (Maier, 1931).

Raumbetreuer*innen durch den Raum und stieß ein paar Seile wahllos an. Danach ist die Lösung den meisten klar, man muss beide Seiten in Schwingung versetzen und in der Mitte die Seile auffangen. Der Effekt: Das scheinbar zufällige Ereignis hat kreative Kräfte freigesetzt. ◄

In der Präsenzlehre ist es leicht, durch subtile Hinweise oder durch weiterführende Instruktionen/Informationen zu intervenieren, wenn Lernende nicht weiterkommen. Bei Online-Lehre müssen potenzielle Hemmnisse konzeptionell mitgedacht und proaktiv methodische Entscheidungen zur Kompensation getroffen werden. Wenn das gelingt, lassen sich auch individuelle Unterschiede hinsichtlich mentaler Fähigkeiten gut ausgleichen.

3.2 Kognitive Kontrollen

Kognitive Kontrollen sind Denkmuster, die wie intervenierende Variablen wirken und festlegen, wie Verhalten, Wahrnehmung, Gedächtnis und andere kognitive Basisfunktionen organisiert sind. Sie sind weitgehend unbewusst, haben aber Einfluss auf Motivation und Orientierungsverhalten. Kahneman (2011 [5]) beschreibt in seinem Buch über schnelles und langsames Denken u. a. die Wirksamkeit von Heuristiken (Faustregeln), die dazu dienen, schnell Schlussfolgerungen ziehen zu können. Häufig sind diese jedoch fehlerhaft, weil sich für das Aufdecken von komplexen Regelhaftigkeiten weniger die Intuition als die Analyse (langsames Denken) eignet. Verlangsamtes, analytisches Denken benötigt i. d. R. (innere oder äußere) Impulse. Diese müssen bewusst wahrgenommen werden, um vorschnelle Schlussfolgerungen außer Kraft zu setzen. Wir müssen uns sagen: „Stopp, überprüfe noch einmal Deinen ersten Eindruck", oder "Sieh dir die Statistik noch einmal genauer an und mache eigene Berechnungen".

Walter Mischel [14] konnte mit seinen Studien zum Belohnungsaufschub belegen, dass Kinder, die in der Lage waren 15 min auf das Essen eines verlockenden Marshmallows zu verzichten, um einen zweiten zu bekommen, im späteren Alter bessere Leistungen erbrachten und erfolgreicher waren als diejenigen, die ihren Impulsen frühzeitig nachgaben. Auch das ist eine Form kognitiver Kontrolle – hier in Form von Selbstregulation. Man widersteht der unmittelbaren Versuchung, weil man in der Lage ist, mental auf eine Belohnung in der Zukunft zu fokussieren und sich vom konkreten Reiz zu lösen.

In der Präsenzlehre kann man als Lehrende/r über kritische Nachfragen, bewusste herbeigeführte Irritation, weiterführende Impulse, vor allem aber im Dialog mit Lernenden unvorteilhafte Denkgewohnheiten aushebeln. Durch eine gezielte kommunikative Intervention lassen sich Lern- und Lösungswege bahnen. In der Lehre auf Distanz ist das weitaus schwieriger, was sich insbesondere bei Aufgaben bemerkbar macht, bei denen der erste Eindruck schnell mentale Festlegungen, Vorbehalte, Stereotype oder Interpretationstendenzen triggert. Auch bezogen auf Schlüsselkompetenzen, deren Relevanz in Bachelor- und Masterstudiengängen besonders hervorgehoben wird, lassen sich kognitive Kontrollen ohne den Lehrenden als Modell und Moderator schwerer in den Griff bekommen als in der Präsenzlehre. Gemeint sind Kompetenzen, die mit Urteilsvermögen korrespondieren.

3.3   Kognitive Stile

Kognitive Stile resultieren aus mentalen Fähigkeiten und kognitiven Kontrollen. Sie haben die Qualität von Persönlichkeitseigenschaften. Kognitive Stile beschreiben die charakteristische Herangehensweise des Lernenden, Informationen aufzunehmen und zu organisieren. Sie sind abhängig von intellektuellen Fähigkeiten und Denkgewohnheiten.

Anders als bei kognitiven Kontrollen haben Menschen einen bewussten Zugang zum eigenen Lernstil. Das heißt, wenn sie ihre Lernvorlieben und Lernverhalten reflektieren oder entsprechendes Feedback bekommen, können sie grundsätzlich einschätzen, mit welchem Lernmaterial sie gut bzw. weniger gut zurechtkommen. Sie können erfassen, was sie motiviert und was sie eher kalt lässt, welchen Inhalten gegenüber sie sich ohne Zutun von außen neugierig öffnen (intrinsische Motivation) und um welche sie beim Lernen eher einen Bogen machen. Grundsätzlich sind Lernende also sensibel genug, auch Vermeidungsverhalten zu bemerken. Nicht reflektiertes Lernverhalten oder ignorierte Lernneigungen können Lernende behindern, sich mit schwierigen oder dissonanten Informationen auseinanderzusetzen und eine höhere Lernstufe zu erreichen.

Was heißt das für die Online-Lehre? Wenn der persönliche Kontakt entfällt, sind es häufig lernstilbedingte Gewohnheiten, die darüber entscheiden, ob Lernende bei der Sache bleiben oder sich gegenüber der nächsten Komplexitäts- oder Schwierigkeitsstufe unbewusst oder bewusst verweigern.

Würde man als Lehrende/r die mentalen Fähigkeiten, Denkmuster und Lernstile jedes/r einzelnen kennen, wäre es natürlich leichter, jeder/m das für sie/ihn geeignete Lernmaterial zur Verfügung zu stellen. Weil eine solche einzelfallbezogene Begleitung Lernender jedoch diagnostisch und mit Blick auf das Zeitbudget bei den meisten Hochschulformaten an ihre Grenzen stößt, ist es hilfreich, wenn man auf Lern-Ansätze zurückgreifen kann, die eine Systematik vorhalten, die globale Lernmechanismen aufzeigen und dennoch Differenzierung ermöglichen. Der Ansatz von David Kolb (1984 [7]) bietet eine solche Möglichkeit.

Kolbs Erfahrungslernen

4

Ausblick

Um das Modell von Kolb auf die Online-Lehre anzuwenden, werden im folgenden Kapitel die einzelnen Versatzstücke genauer beleuchtet. Dem Modell liegt ein ganzheitliches Lernverständnis zugrunde. Es betrachtet bewusst nicht nur kognitives Lernen, sondern so genanntes integriertes Lernen über die Lebensspanne. Die Basis bildet ein Lernzyklus, der einerseits die Lernmechanismen an sich beschreibt und aus dem andererseits verschiedene Lernstile erwachsen. Seitdem David Kolb den Ansatz in den 1970er Jahren entwickelt hat, konnte das Modell durch hunderte von Studien validiert und in Anwendungsfeldern erprobt werden (zusammenfassend [11]). Für die spätere Anwendung in diesem Essential wird die jüngste Lernstil-Systematik mit 9 Lernstilen verwendet.◄

Im Laufe des Lernlebens kommt es u. a. durch den Mix aus mentalen Fähigkeiten, kognitiven Kontrollen und kognitiven Stilen zur Ausprägung individueller Besonderheiten, was bedeutet, dass jede/r Lernende Informationen durch eine Anzahl von Filtersystemen und Linsen aufnimmt und verarbeitet.

Dabei kann es zu guten, aber auch zu suboptimalen Passungen zwischen der/dem Lernenden und dem Lerngegenstand kommen – vor allem wenn sich die Umwelt wandelt. Während des Hochschulstudiums werden für integriertes Lernen wichtige Weichen gestellt. Zwar kann es als gesichert angesehen werden, dass grundsätzliche mentale Fähigkeiten wie Intelligenz eine große Rolle spielen. Jedoch sind Defizite durch die richtige Lehre ausgleichbar. Lernangebote müssen dafür jedoch bestimmte Grundvoraussetzungen erfüllen.

M. Eckert, *Online-Lehre mit System*, essentials,
https://doi.org/10.1007/978-3-658-32670-8_4

Brauchbare Lehrmethoden sind die, welche Studierende bei ihren Lernpräferenzen abholen und sie gezielt in neue Lernerfahrungswelten einführen. Dazu
sollte man nicht nur Präferenzen und Lernstile kennen, es ist substanziell, die
Grundmechanismen hochschulspezifischen Lernens verstanden zu haben.

4.1 Integriertes Lernen im Lernzyklus

Wie kommen Studierende aus Studiengängen der Sozialarbeit dazu, aus ihren
Beobachtungen zum Aggressionsverhalten Jugendlicher zuverlässig Schlussfolgerungen und Problemlösungen abzuleiten, die den Anforderungen der Beratungs-
praxis standhalten? Welche Lern-Phasen durchläuft ein/e Student*in aus dem
Bereich Maschinenbau, um spätestens im Beruf brauchbare Vorschläge für den
Einsatz eines bestimmten Materials in einem Getriebe zu erarbeiten? Unter welchen Bedingungen lässt sich ein belastendes Ereignis – z. B. ein Leichenfund im
Rahmen eines Praktikums im Polizei-Studium – so bearbeiten, dass Studierende
ein reifes Verständnis entwickeln, damit sie handlungsfähig bleiben?

Die David Kolb hat in seinem Ansatz zum Erfahrungslernen einen Lernzyklus entwickelt, in dem er spezifiziert, wie z. B. aus der konkreten Erfahrung reifes,
transferfähiges Lernen entsteht ([8], Abb. 4.1). Im Zyklus geht es um verschiedene Schritte: z. B. Eintauchen in Erfahrung, Reflexion, Informationsaneignung,
Wissensvertiefung, Anwendung und Handeln. Indem alle diese Schritte durchlaufen werden, wird Wissen transformiert. Das heißt, jemand startet als Lernende/r
mit einer Anfangsvorstellung, bearbeitet sie, indem sie/er Wissen dazu anreichert
und reflektiert, und am Ende ist die Vorstellung neu.

Die folgenden Postulate machen klar, dass integriertes Lernen mehr ist, als
einzelne Lernleistungen zu erbringen [11]:

1. Lernen wird als dauerhafter Prozess verstanden, nicht als Erreichen einzelner
   Lernergebnisse.
2. Lernen kann am besten dadurch gefördert werden, dass Studierende ermuntert
   und befähigt werden, eigene Vorstellungen zu untersuchen, ihre Richtigkeit
   zu prüfen und durch Nutzung neuer Informationen in neue Vorstellungen zu
   transformieren.
3. Konflikte, Unterschiede und Uneinigkeit sind Voraussetzungen für Lernen.
   Sich zwischen widersprechenden Überlegungen, Empfindungen und Denk-
   weisen zu bewegen, ist charakteristisch für Lernen. Ohne Widerspruch kein
   Lernen.

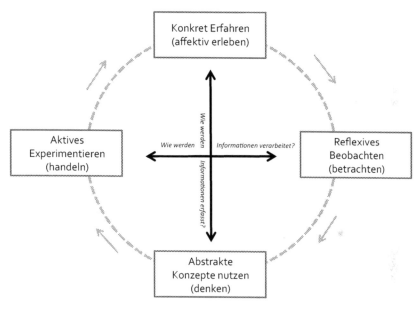

Abb. 4.1   Lernzyklus nach Kolb, in Anlehnung an Kolb [7]

4. Lernen ist ein ganzheitlicher Prozess, der der Anpassung an eine sich verändernde Welt dient. Die ganze Person ist involviert.
5. Lernen ist ein Prozess, in dem persönliches Wissen generiert wird. Es geht nicht darum, fixes Wissen in die/den Lernenden zu verpflanzen. Wissen wird in der/im Lernenden neu kreiert, indem sie/er es aktiv neu konstruiert und eigene Herausforderungen bewältigt.

Das heißt, nur wenn die/der Lernende Lerngegenstände ganzheitlich bearbeitet, kommt es zu einer reifen Lernerfahrung. Bei Kolb bedeutet das, dass die folgenden vier Modi durchlaufen werden müssen – und zwar mehrmals:

- Konkretes Erfahren
- Reflexives Beobachten
- Abstrakte Konzepte nutzen
- Aktives Experimentieren

▶ Lehrenden obliegt in der Zeit der Hochschulausbildung die Ver-
pflichtung, den Lernprozess durch Impulse so zu gestalten, dass
Lernende multimodale Lernerfahrungen machen und letztlich das
Beste von allem integrieren. Wer integriert, d. h. unter Verwendung aller 4 Modi lernt, erzielt die größten Fortschritte im Bereich
der Informationsaufnahme, des Informationsabrufs, aber auch in der
Praxisanwendung.

4.2   Konkretes Erfahren (KE)

Konkretes Erfahren (KE) – Im unmittelbaren Kontext eines Ereignisses findet
die konkrete Erfahrung statt. Dieser Schritt hat einen stark affektiven und moti-
vationalen Charakter. Man wendet sich einer Sache oder Information neugierig
zu und erfährt etwas konkret mit allen Sinnen. Gerade in den ersten Studienabschnitten zeigen Studierende häufig ein besonderes Interesse an der Bearbeitung
von Themen, mit denen sie sich in ihrer realen Umwelt beschäftigen. In der Psychologie oder in Studiengängen für soziale Berufe werden für Hausarbeiten dann
häufig Themen ausgesucht, die mit Problemen oder Herausforderungen im privaten Kontext korrespondieren. Diese interessen- oder Neugier basierte Hinwendung
hat einen stark motivierenden Charakter. Ohne eine Initialzündung dieser Art
kann Lehren und Lernen schwerfällig und mühsam sein, weil die intrinsische
Komponente fehlt.

▶ Konkretes Erfahren lässt sich in der Online- und Präsenzlehre durch
Medien besonders gut aktivieren. Videos oder Podcasts werden häufig genutzt, um zu Beginn des Lernprozesses Studierende in einen
konkreten Erfahrungsmodus zu versetzen oder bewusst Betroffenheit
herzustellen oder innere Bilder und Narrative zu generieren.

4.3   Reflexives Beobachten (RB)

Reflexives Beobachten (RB) ist Voraussetzung dafür, dass etwas nicht nur erlebt
wird, sondern der Lerngegenstand sich besser erschließt. Man beschäftigt sich
intensiver mit dem, was man zuvor erlebt hat, exploriert, erkennt Details, vertieft sich in Hintergründe und mögliche Kausalitäten. Es ist etwas aus der Mode

gekommen, Begrenzungen, Misserfolge oder schwer lösbare Probleme als positiven Ausgangspunkte für Lernen zu betrachten. Jedoch sind es gerade solche Ereignisse, die Lernen begleiten. Ohne Zäsuren oder Probleme gibt es auch evolutionsbedingt kein Lernen. Ohne Anstrengung wird im Gehirn kein Dopamin (im Belohnungszentrum) ausgeschüttet, was für positive Bestätigungsgefühle und Selbstwirksamkeitserfahrungen maßgeblich ist. Reflexives Beobachten (RB) wird in der Regel intrinsisch dadurch ausgelöst, dass für bestimmte Probleme noch keine hinreichenden Lösungen zur Verfügung stehen. So folgt auf konkrete Erfahrung (KE) ein vertiefter Blick durch gezieltes Sammeln von Informationen, z. B. durch Recherche, Lesen, Zuhören, Diskussionen.

In der Hochschullehre müssen Studierende oft erst für eine vertiefte Beschäftigung gewonnen werden. Gerade wenn sie konkrete Praxiserfahrung sehr schätzen und ihnen z. B. von überzeugenden Vorbildpersonen Lösungen oder Handlungsmuster vorgelebt werden, die plausibel erscheinen, fehlt manchen Lernenden anfangs das Bewusstsein, dass zusätzliche Informationen benötigt werden. Sie bezweifeln den Nutzen. Dazu passt auch die Illusion, man könne durch ein schnelles, oberflächliches Zappen durch das Internet unterfütternde Informationen anreichern, ohne diese festzuhalten, zu reflektieren oder weiterzubearbeiten.

►   Es ist Aufgabe der Lehrenden, gezielte Angebote für reflexives Beobachten (RB) zu unterbreiten. Gerade die Online-Lehre bietet hier besonders gute Möglichkeiten, z. B. in Form von Lernmodulen, in denen „Lern-Levels" nur dann erreicht werden, wenn eine vertiefte Informationsverarbeitung abgeschlossen wurde.

4.4   Abstrakte Konzepte nutzen (AK)

Die neue Informationsdichte (RB) ist Voraussetzung dafür, dass ähnliche Objekte oder Prozessen geclustert werden können, d. h. es zu abstrakten Begriffsbildungen kommt. Nur weil wir die Unterschiede zwischen Nüssen und Steinobst (abstrakte/s Konzept/Kategorien) erfasst haben, wissen wir, dass man die Kerne der Haselnuss essen kann, nicht aber den Pfirsichkern. Der Transfer auf weiteres Steinobst (Pflaumen) ist leicht. Wir müssen nicht jedes Mal ausprobieren, ob ein Pflaumenkern essbar ist oder nicht.

Diagnostische Tätigkeiten in der Medizin oder beim Finden des Fehlers bei einem defekten PKW sind effizient, wenn man auf Symptom- oder Mängelklassen zurückgreifen kann. Auch methodische Verfahren (z. B. juristische Methodik oder Labormethoden) und Gebrauchsanweisungen sind Konzepte – Konzepte und Klassenbildungen sind komprimiertes Wissen. Sie zu nutzen, bedeutet in der Regel Arbeitserleichterung, aber auch Zeitersparnis.

Beispiel

Wer begriffen hat, dass es typische Reaktionsmuster nach traumatisierenden Ereignissen (z. B. nach einem Leichenfund) gibt und die eigenen Stressreaktionen kriterienorientiert betrachten kann, hat den besseren Zugang zu mentalen und emotionalen Ressourcen und kann sich schneller beruhigen. Der Rückgriff auf generalisierende Prinzipien und Konzepte unterscheidet den Profi vom Amateur.◄

In der Online-Lehre regen Lehrmaterialien, die Generalisierungsprozesse unterstützen, zum Klassifizieren und Clustern an. Gerade digitale Tools bieten hier interessante Möglichkeiten. Mit einem digitalen Quizz lassen sich Materialen zu Materialklassen oder typische Aussagen oder Beispiele zu Kommunikationsebenen durch Verschieben von Feldern zuordnen. Komplexe, theoretische Ablaufprozesse lassen sich digital in Bausteine zerlegen und mithilfe virtueller Tools (z. B. Virtual Reality) wieder zusammensetzen. Online erhalten Lernende sofort Feedback, ob die Rekonstruktion funktionsfähig wäre.

▶ Es ist besonders wichtig, dass Lehrende in der Online-Lehre Studierende dazu bringen zu abstrahieren (AK). Was Lernende nicht selten zum Auswendiglernen von Fachtermini verkürzen, kann in der Online-Lehre durch entsprechende Tools (Quizzen, Zusammenfassungen, Arbeiten mit einem immer wiederkehrenden Grundmodell) in seiner Bedeutung hervorgehoben werden. Zusammenhänge werden aus unterschiedlichen Perspektiven „auf den Punkt gebracht".

4.5   Aktives Experimentieren (AE)

Aktives Experimentieren (AE). Beim aktiven Experimentieren werden Begrifflichkeiten im realen Kontext erprobt und überprüft. Wenn Heilpädagog*innen erfasst haben, dass kindlichen Verhaltensmustern (z. B. Aggression, Rückzugsverhalten oder Hyperaktivität) Bindungsdefizite zugrunde liegen können (AB),

finden Sie den richtigen Hebel in der Therapie deshalb, weil sie die Grundmechanismen erkannt haben (abstrakte Konzepte nutzen). Sie können sich dann leichter
entscheiden, hypothesengeleitet verschiedene Interventionsformen in der Thera-
piesitzung auszuprobieren. Gerade weil therapeutische Interventionen nicht immer
auf Anhieb Früchte tragen – familiäre und soziale Hintergründe sind sehr komplex
– ist die Anbindung an erprobte Modelle und Konzepte so hilfreich. Druck und
Unsicherheit werden reduziert, wenn man einen brauchbaren Bezugsrahmen im
Rucksack hat. Durch die Erprobung ihres Anwendungswissens schärfen gerade
Angehörige von Beratungsberufen kontinuierlich ihre Wahrnehmung und können
letztendlich differenziert handeln.

Aktives Experimentieren ist dann besonders wertvoll, wenn dabei verschiedene Perspektiven zum Ausdruck kommen. Kollaboration ist in solchen Phasen
besonders wichtig. Was in der Präsenzlehre häufig über Kleingruppenarbeit gere-
gelt wird, lässt sich ebenso mit digitalen Mitteln gemeinsam erledigen. Das hat
den Vorteil, dass sich über ausgeweitete Selbstlernphasen in virtuellen Gruppen
manchmal die besseren Ergebnisse erzielen lassen als in auf 1,5 Zeitstunden
beschränkten Lehreinheiten in der Präsenzlehre. Online-Tools für Zusammenarbeit (z. B. Wikis), machen zeit- und ortsunabhängig und können sich als effizienter
erweisen als Präsenzangebot, weil jede/r in der eigenen Geschwindigkeit lernt.

▶   Anwendung (AE) ist für die Integration verschiedener Lernzugänge
     besonders wichtig. Lehrende, die Studierenden im Selbststudium
     Gelegenheiten zum aktiven Experimentieren bieten, sichern damit
     auch die Vertiefung von Wissen. Geschieht das in Kleingruppen,
     weiten sich zusätzlich die Perspektiven, was Urteils- und Entschei-
     dungsfähigkeit erhöht.

Fragen

Erfahrene Lehrende bedienen sich häufig des beschriebenen Lernzyklus, ohne
es zu wissen. An dieser Stelle des Essentials lohnt es sich, kurz inne zu halten
und sich Zeit für eine Reflexion zu nehmen: „Würde ich ein typisches Thema
nach den beschriebenen Prinzipien gestalten, wie sähe die Lehreinheit dann
aus?" oder „Wenn ich meine Lehre betrachte, welche von den 4 Modi biete ich
überwiegend an – konkretes Erfahren, reflexives Bobachten, Nutzen abstrakter
Konzepte oder aktives Experimentieren?". „Habe ich bereits Ideen für eine
didaktische Ausweitung meiner Lehre?"

4.6   Integration erfordert Wiederholung

Der skizzierte Kreislauf muss mehrere Male durchlaufen werden, damit sich Wissen verdichtet und Handeln zum erfolgreichen Ergebnis führt. Zull hat 2002 [23] in einem viel beachteten Buch über die biopsychologischen Aspekte des Lernens gezeigt, dass der Zyklus sich sogar in den Gehirnarealen abbilden lässt, die jeweils beim Lernen aktiviert werden (Abb. 4.2). Das heißt, das wiederholte Durchlaufen der Phasen entspricht offensichtlich dem, was anatomisch angelegt ist.

Beispiel

Beispiel: Kolb und Mitarbeiter*innen ([11], S. 219–221, [10], [22]) schlagen zur Verdeutlichung der vier Modi in der Lehre folgende Übung vor:

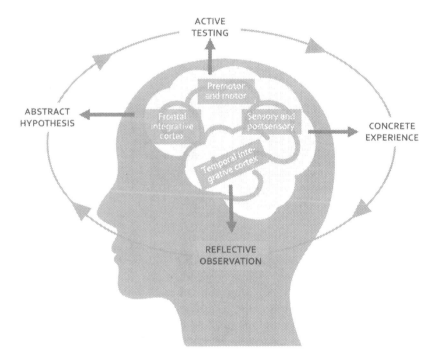

Abb. 4.2 Lernzyklus und Hirnregionen, in Anlehnung an Zull [23]

In einer Studierendengruppe von 30 bis 50 Personen werden Zitronen verteilt. Sie erfahren die Früchte haptisch, affektiv gestützt durch Irritation („Was sollen wir hier im Seminar mit Zitronen?") und Neugier (konkretes Erfahren, KE). Die Studierenden erhalten den Auftrag, sich die Eigenarten ihrer eigenen Zitrone einzuprägen. Das geschieht durch die Beschäftigung mit den Details (reflexives Beobachten, RB). Die Kenntnisse lassen sich vertiefen, wenn die/der Lehrende dabei das systematische Beobachten unterstützt: „Achten Sie auf die Schalenstruktur, den Geruch, wie die Zitrone rollt usw.". Am wahrscheinlichsten ist es, dass sich Zitronenbesitzer*innen zunächst auf das Visuelle beschränken. Nach dieser Explorationsphase werden alle gebeten, ihrer Zitrone einen Namen zu geben. Das ist der erste Schritt einer Begriffsbildung (Abstrakte Konzepte nutzen, AK) – man muss eine Kategorie/eine abstrakte Form (Namen) finden, die zum Exemplar (zugleich affektive Verstärkung, KE) passt. Zusätzlich können Studierende instruiert werden, eine Geschichte zu entwerfen, wie die Zitrone ihre Merkmale erworben hat (Erfahren, KE).

Anschließend werden alle Zitronen eingesammelt und in eine Kiste gelegt. Die Studierenden erhalten nun den Auftrag, ihre eigene Zitrone wiederzufinden. Dazu müssen sie vergleichen. Bei Vergleichen werden grundsätzlich Kriterien/Konzeptklassen verwendet. Je systematischer man Kriterien anwendet, desto schneller kommt man zu einem sicheren Ergebnis. Man benötigt für den Zitronenvergleich Kriterien wie Farbe, Anatomie, Haptik, Gewicht usw. Wir befinden uns im Zyklus abstrakter Konzeptbildung (AK) und im Bereich der Entscheidungsbildung und Anwendung (AE). Im Zweifelsfall muss man Dinge mit anderen Personen abstimmen, gemeinsam erörtern, d. h. die angelegten Kriterien kommen auf den Prüfstand. In einem letzten Schritt soll eine Zitrone mit größtmöglicher Ähnlichkeit gefunden werden (Aktives Experimentieren, AE). Diese Erlebnis-Komponente wird durch den experimentellen Charakter der Gesamtübung verstärkt. Wir landen wieder beim Konkreten Erfahren (KE).

Es zeigt sich, je gründlicher und systematischer die Beschäftigung in der Beobachtungs- und Analysephase war, desto eher finden die Studierenden ihre Zitrone wieder. Verkürzt man die Beobachtungsphase, ist die Wiedererkennung eingeschränkt. Das lässt sich anschaulich dadurch demonstrieren, dass man die Gruppe in zwei Untergruppen teilt. Eine Gruppe, die zu systematischen Exploration angeleitet wird, eine andere, bei der man die intensive Exploration unterbindet.◄

Lernstile

In zahlreichen Studien (zusammenfassend [11]) haben Forscher*innen, die mit dem Modell arbeiten, belegen können, dass Lernende ihre Leistungen verbessern, wenn sie beim Lernen alle vier Modi zu durchlaufen. Studierende, die gut beobachten und reflektieren können und/oder leicht Zusammenhänge herstellen können (Abstraktion, Generalisierung, AK) erzielen insgesamt die besseren Ergebnisse als Studierende, die sich überwiegend als Praktiker*nnen definieren. Praktisch orientierte Lernende tauchen gern in konkrete Situationen ein oder versuchen durch Versuch und Irrtum (Experimentieren, EA), also durch Wiederholung zum Ziel zu kommen.

Lehrende kennen die Schwierigkeiten, praktisch veranlagte Studierende dazu zu bringen, sich von der eigenen oder in der Praxis favorisierten Erfahrung zu lösen und dahinter liegende, allgemeingültige Prinzipien zu erkennen und anzuerkennen. Umgekehrt muss man gerade analytisch versierte Studierende manchmal dazu ermuntern, ihre theoretischen Erkenntnisse aktiv zu erproben oder sich von rein theoretischen Modellen zu lösen und in die Anwendung zu gehen bzw. sich einer Debatte zu stellen.

Diese Unterschiede lassen sich erklären. Wie Lernende während ihres Lernlebens Lernzyklen durchlaufen, entscheidet zusammen mit mentalen Fähigkeiten darüber, welche Lernstile sie entwickeln. Dass man in allen vier Modi des Zyklus gleichgewichtig lernt, ist eher unwahrscheinlich. Persönlichkeitsstrukturen, bildungs- und berufsspezifische, kulturelle und soziale Aspekte haben also Einfluss auf Lernstile.

M. Eckert, *Online-Lehre mit System*, essentials, https://doi.org/10.1007/978-3-658-32670-8_5

Beispiel

Beispiel: Die flüchtige Informationsverarbeitung, die für die Nutzung von Smartphones typisch ist, könnte sich global im dritten Jahrtausend darauf auswirken, dass sich die Fähigkeit der Generation Z zum reflexiven Beobachten verengt. Um eine „Verarbeitungsdominanz" dieser Art zu kompensieren, müsste anders als bei Lernenden früherer Generationen mehr Mühe darauf verwendet werden, zu Vertiefung und Abstraktion zu motivieren. Denn, wer literarische Texte nur überfliegt, dem werden sich typische Stilelemente einer Epoche nicht erschließen. Wer bei der Recherche im Internet zu schnell zwischen Quellen wechselt, der wird nicht nur schnell die Übersicht verlieren. Auch Querverbindungen oder kritikwürdige Passagen können übersehen werden. In beiden Fällen müssten Lehrende durch geeignete Methoden Flüchtigkeit mindern und Gründlichkeit belohnen – also die eingeübte Lerndynamik durchbrechen.

Das Zitronenbeispiel eignet sich gut zur Konkretisierung: Wenn Studierende konkret erfahren (KE), dass Sie durch genaues Hinsehen (RB) oder systematisches Erfassen (AK) von Unterschieden die eigene Zitrone schneller wiederfinden als jemand, der flüchtig analysiert, sind sie vielleicht geneigter, eine solche Vorgehensweise auch in einem anderen Kontext zu praktizieren.◄

➤ Lernpräferenzen werden individuell entwickelt und sie sind relativ stabil. Trotzdem lassen sie sich durch eine bewusste Hinwendung zu bisher „unterbeleuchteten" Lernstrategien und Lernmodi im Lernzyklus modifizieren.

5.1   Lernstile – Produkte aus Informationssammlung und Informationsverarbeitung

Kolb hat zur Diagnostizierung von Lernstilen ein Instrument entwickelt (Version 3.1, [9]), das empirisch erprobt und in angewandte Forschung eingeflossen ist – das Learning Style Inventory (LSI). Das KLSI ist die vierte Version des LSI und differenziert zwischen 9 Stilen [11]. Die Validität beider Instrumente wurde vielfach nachgewiesen.

Lernstile ergeben sich durch die Kombination von Informationsaufnahme und Informationsverarbeitung. Beide Dimensionen sind im Lernzyklus zu erkennen (Abb. 4.1). Senkrecht geht es um Informationssammlung, waagerecht und Informationsbearbeitung.

▶ Solange Lernende Informationen nur aufnehmen, ohne etwas mit ihr zu machen, kann sich diese weder im Gedächtnis verankern noch wird Erkenntnis generiert. Erkennen entsteht nur durch den persönlichen Zugang und die persönliche Transformation. Man kann den Mechanismus auch mit Einstein ausdrücken: „Lernen ist Erfahrung, sonst ist es nur Information".

5.1.1   Dimension 1: Informationssammlung

Kolb geht davon aus, dass bei der Informationssammlung/-aufnahme Informationen entweder konkret erlebt (KE) oder als abstrakte Konzepte erfasst werden (AK).

Die bevorzugte Vorstellung von Universitätsprofessorinnen und -professoren, deren eigene Lernpräferenz im Lernzyklus aufgrund ihrer analytischen Forschungstätigkeit überwiegend im Bereich des abstrakten Denkens zu lokalisieren ist, ist die, dass sie ihren Studierenden zu allererst das Abstrahieren beibringen müssten. Deshalb ist die Lehre in vielen Grundlagenseminaren häufig theorielastig. Erst nach intensiver Theorievermittlung folgt – wenn überhaupt – in grundständigen Studienabschnitten die Anwendung.

In stark praxisorientierten Studiengängen, in denen z. B. an Fachhochschulen auch PraktikerInnen lehren, kann man zuweilen die gegenteilige Priorisierung feststellen. Konkrete Einzelfälle, Beispiele oder Einzelerfahrungen werden hier nicht nur als Einstieg genutzt, sondern durch sie soll generell Praxisnähe unter Beweis gestellt werden. Das bedeutet, die Praxisebene wird häufig früher als an Universitäten eingeführt und deutlich seltener zugunsten einer Theorievermittlung verlassen. Durch Praxisphasen werden die konkrete Erfahrung, reflexives Beobachten und aktives Experimentieren zusätzlich verstärkt.

5.1.2 Dimension 2: Informationsbearbeitung

Ebenso wichtig wie die Informationsaufnahme, ist wie mit Informationen im Lernprozess umgegangen wird. Die Vertiefung von konkret Erfahrenem (KE) entsteht nach Kolb durch Beobachten und Reflexion oder durch Experimentieren und Anwenden. Diese Dimension fragt also danach: „Was macht man mit dem, was man gerade konkret erfasst hat, im weiteren Lernprozess?" Intensiviert man durch Beobachtung, reichert also Wissen an, oder macht man etwas mit der Information, indem man nach Anwendungsmöglichkeiten sucht? Beide Zugänge verändern die Ausgangsvorstellung der/des Lernenden.

Beispiel

Bei der Erstellung eines Lehrvideos, erfährt man, dass man offensichtlich nicht weiterkommt. Der gewünschte Effekt (z. B. die Animation) stellt sich nicht ein. Variante 1: Man informiert sich in dem beigefügten Handbuch oder sieht sich ein Tutorial an (Beobachten und Reflexion). Variante 2: Man wiederholt was man gemacht hat und probiert weiter Neues aus (Versuch und Irrtum, aktives Experimentieren, AE).◄

Auch abstrakt erfasste Informationen werden durch Anwendung oder Beobachtung transformiert. Das heißt, ob sich ein abstraktes Modell, eine Hypothese oder die Idee (abstraktes Konzept, AK) eignet, lässt sich nur durch Anwendung erproben oder durch Anreicherung mit weiterer Information (reflexives Beobachten, RB) klären. Das gilt nicht nur im wissenschaftlichen Kontext, sondern auch für Alltagserfahrungen wie Trainingsmethoden beim Sport oder in der Kindererziehung. Folgt man als Eltern der begründeten Vorstellung, dass Kinder, die stehlen, nur Aufmerksamkeit wollen (Abstraktion, AK), kann man sich als Eltern zunächst zu einer systematischen Beobachtung des Familienalltags zwingen und Belege/Widersprüche sammeln bevor man reagiert (RB) oder man probiert direkt aus, ob man durch Veränderung des eigenen Zuwendungsverhaltens konkret etwas erreicht (AE). Beide Vorgehensweisen werden die Vorstellungen über Erziehung verändern.

5.2 Lernstile im 4-Stile-Modell von Kolb

Aus der Kombination aus Informationsaufnahme und Informationsverarbeitung ergeben sich bei Kolb vier Lernstile. Im Grunde stecken sie bereits in den vier Quadranten seines Lernzyklus ([8, 7], Abb. 5.1):

- Divergierer – erfahren und betrachten/beobachten
- Assimilierer – reflektieren und denken,
- Konvergierer – denken und entscheiden und
- Akkomodierer – handeln und erleben

▶ Forschung hat gezeigt, dass Lernende, die ihren Lernstil kennen, sich durch Unterstützung zu besseren Lernenden entwickeln. Specht (1991 [19]) konnte beispielsweise nachweisen, dass Lernende, die durch eine entsprechende Didaktik dabei unterstützt werden, ihren Lernstil zu erweitern, nachhaltiger lernen. 6 Wochen nach Ende eines

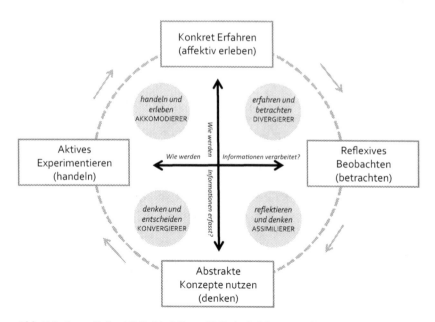

Abb. 5.1 Lernstile im 4-Stile Modell von Kolb, in Anlehnung an Kolb (1984), S. 42

Seminares hatten sie signifikant mehr behalten als eine Vergleichs-
gruppe, die ihren dominanten Lernstil nicht kannte und von Lehrende
unterwiesen wurde, die das Kolb-Modell nicht anwandten.

5.2.1   Der Divergierer[1]

Die dominanten Lernstrategien des Divergierers bauen auf konkretes Erfahren
(KE) bei der Aufnahme von Informationen und reflektiertes Beobachten (RB) bei
der Bearbeitung auf. Mit der Intensivierung seiner Eindrücke intensiviert er seine
Lernerfahrungen. Er zeichnet sich durch eine hohe schöpferische Fähigkeit aus
und kann konkrete Situationen aus unterschiedlichen Blickwinkeln betrachten – er
besitzt Beobachtungsschärfe. Besonders beim Brainstorming und bei der Entwicklung von Ideen ist der Divergierer bei der Sache. Er ist sozial, gefühlsorientiert
und offen, was Einfühlung und Verständnis mit sich bringt. Die Nachteile liegen in
der eingeschränkten Entscheidungsfähigkeit und einer Tendenz, intensives Nach-
denken (Analytik) zu vermeiden. Zudem ist der Divergierer wenig systematisch
oder wissenschaftlich orientiert und muss dafür besonders motiviert werden.

5.2.2   Der Assimilierer

Der Assimilierer zeichnet sich durch analytisches Denken und reflektieren-
des Beobachten aus. Seine größten Stärken sind die Entwicklung theoretischer
Modelle und die Fähigkeit, scheinbar unvereinbare Beobachtungen in ein stim-
miges Modell oder ein übergreifendes Konzept zu übertragen. Dadurch lassen
sich auch widersprüchliche Perspektiven unter einen Hut bringen. Der Assimilierer interessiert sich weniger für Personen und Gruppenarbeit als vielmehr für
abstrakte Denkmodelle und Tüfteleien. Er kann seine Arbeit gut organisieren hat
aber oft Schwierigkeiten mit der Anwendung der Modelle – der Assimilierer ist
generell eher wenig handlungsorientiert.

---

[1] Aus Gründen der Anschaulichkeit wird bei den Lernstilen auf die Nennung der weiblichen
Form verzichtet.

5.2.3 Der Konvergierer

Der Konvergierer kombiniert die Nutzung analytischer Konzepte (AK, so nimmt er Informationen auf) und aktives Experimentieren (AE, so bearbeitet er Informationen weiter). Die besonderen Fähigkeiten liegen in der praktischen Umsetzung von Ideen, Entscheidungssicherheit und die Überzeugungskraft aufgrund von Sachkompetenz. Konvergierer nähern sich relativ emotionslos ihrem Lerngegenstand und haben wenig Interesse an der „absoluten Wahrheit", an Routine oder daran, ausgiebig soziale oder interpersonelle Phänomene zu beobachten und zu deuten.

5.2.4 Der Akkomodierer

Der Akkomodierer lernt und agiert aufgrund konkreter Erfahrung (KE). Es besteht eine große Bereitschaft, sich auf Neues einzulassen und Pläne zu verwirklichen. Dieser Typ ist risikofreudig und passt sich schnell neuen Situationen an. Er verlässt sich eher auf plausibel klingende, subjektiv stimmige Fakten als auf Theorien und reagiert auf Probleme eher im Sinne eines Versuch-Irrtums Musters. Er schätzt Erfolgserlebnisse, ist personenbezogen und kann Menschen begeistern, reagiert aber nicht immer flexibel genug auf Veränderung. Die Nachteile sind eine Neigung dazu, Theorie grundsätzlich abzulehnen, Praxiserfahrung zu überhöhen und im Arbeiten und Agieren wenig systematisch zu sein. Zudem sind Akkomodierer eher abhängig von anderen Personen und Autoritäten. Sie genieße es, kollektive Erfahrungen zu machen.

5.3 Berufsspezifität

Es ist nur logisch, dass unter den unterschiedlichen Lerntypen Häufungen bestimmter Berufe vorkommen. So zeigen Untersuchungen, dass Konvergierer häufig unter Ingenieur*innen zu finden sind, Divergierer unter Berater*innen und Akkomodierer unter Manager*innen.

Es gilt als gesichert, dass Lernende je nach Lehr- und Lernschwerpunkt ihre Lernstile variieren können und dass sie im Laufe ihres Lernlebens verschiedene Zugänge nutzen und so die im Lernzyklus beschriebenen Prozesse integrieren. Die Spezifizierung von Erfahrung in einem Beruf führt jedoch mit großer Wahrscheinlichkeit zunächst zur Stärkung bestimmter Lernstile, mit denen man besonders erfolgreich ist. Kolb (1984 [7]) weist ausdrücklich darauf hin, dass trotz aller

Passungsgenauigkeit zu einem bestimmten Berufsfeld nicht nur ein Lernstil intel-
lektuelles Wachstum oder Lernerfolg sicherstellt. Vielmehr ist es die Integration
der vier Lernstile, die über die Lebensspanne den eigentlichen Erfolg und die
Anpassungsfähigkeit an Herausforderungen im beruflichen und privaten Umfeld
fördert.

Ein Selbstbericht aus seiner Studie von Kolb & Kolb (2013 [11], S. 87) drückt
den Gedanken gut aus:

> „As I look back at my educational experience, I can see how I have grown toward the
> Balancing style. My exposure to a wide variety of learning experiences strengthened
> my skills in the different learning styles over the years. I majored in civil engineering
> in college. While I discovered that I didn't like engineering very much, the educa-
> tion strengthened my Deciding skills. Throughout college, I was heavily involved in
> the campus retreat program and other faith-related activities, which placed a strong
> emphasis on reflection and finding meaning in concrete personal experience. I believe
> these experiences strengthened my Imagining skills. After college I volunteered for a
> year with a Habitat for Humanity affiliate in Alabama. I began the year with almost
> no construction knowledge but learned to build houses exclusively through hands-on
> experience. This bolstered my Initiating skills and strengthened my confidence that I
> could learn through hands-on experience. After practicing engineering for a year and
> determining that it wasn't for me, I earned a master's degree in Religion and Religious
> Education.
>
> This required a good deal of reading and research, which helped to develop my.
>
> Assimilating skills. In my career experience since, I have used all of the learning styles
> at different times and to varying degrees".

5.4   9 Lernstile für die Online-Lehre

Mit der vierten Überarbeitung des Kolbschen Learning-Style Inventorys (KLSI,
2011) lösten sich Wissenschaftler*innen von dem engen Verständnis fixer Lernstile. Stattdessen gehen sie heute davon aus, dass die Art, wie Lernende Informationen aufnehmen und verarbeiten, sich in 9 verschiedenen Lern-Modi abbilden
lässt. Das bedeutet – Lernende haben eine Lernstil-Dominanz aber auch Zugang
zu benachbarten Stilen. Lernflexibilität spielt als Moderatorvariable eine bedeutende Rolle. Sie kann mithilfe eines Kurzfragebogens gemessen werden. Lernende
können von einem Modus zum anderen switchen, wenn sie eine ausreichend große
Lernflexibilität besitzen. Kolb & Kolb [11] nennen benachbarte, gut erreichbare
Stile „Backup-Stile".

▶   Lernenden mit einer geringeren Lernflexibilität gelingt das Wandern
     von einem Lernstil zu einen Backup-Stil weniger gut als flexiblen
     Lernenden. Es ist Aufgabe Lehrender, sie dabei zu unterstützen,
     Widerstände zu überwinden und eine Ausweitung des Lernmodus zu
     erreichen.

Anders als bei den abstrakten Typenbezeichnungen Divergierer usw. lässt sich an
den Namen der 9 Stile sofort erkennen, worum es geht und welche Fähigkeiten
mit einem Stil verknüpft sind. In Abb. 5.2 ist zu erkennen, dass sich Lernstile
stärker überschneiden als bei der ursprünglichen 4-Stile Version.

1. **Initiieren.** Fähigkeit Dinge zu initiieren und in realen Situationen zu lernen
   und schnell zu reagieren. Risiken eingehen und neue Möglichkeiten erkennen.
2. **Erfahren.** Fähigkeit in Situationen affektiv und motivational tief einzutauchen
   und diese intensiv zu erfahren. Sensitivität für andere.

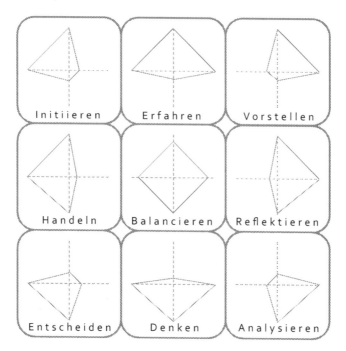

Abb. 5.2   Neun Lernstile in der KLSI-Version 4.0 von Kolb und Kolb (2013), S. 14

3. **Vorstellen.** Fähigkeit von gemachten Erfahrungen zurückzutreten und Dinge aus unterschiedlichen Perspektiven zu betrachten. Als Brücke zwischen Menschen mit unterschiedlichen Perspektiven fungieren, Uneindeutigkeit aushalten und ausgleichen.

4. **Reflektieren.** Fähigkeit die eigenen Erfahrungen mit allgemeinen Ideen zu verknüpfen und nachhaltig zu reflektieren. Tiefe Bedeutung, typische Abläufe erfassen können

5. **Analysieren.** Fähigkeit verschiedene Eindrücke und Erfahrungen zu integrieren, Vorstellungen zu systematisieren oder systematisch zu reflektieren. Planvolles Vorgehen und Problemantizipation.

6. **Denken.** Fähigkeit und Kapazität, diszipliniert in abstrakte Konzepte und Zusammenhänge einzutauchen und logische Schlussfolgerungen abzuleiten. Genauigkeit und Tendenz zur Fehlervermeidung.

7. **Entscheiden.** Fähigkeit Konzepte zur Lösung von praktischen Problemen zu nutzen und fundierte Entscheidungen zu treffen. Pragmatik, Gestaltung von Handlungsstrategien

8. **Handeln.** Fähigkeit Dinge abzuarbeiten. Starke Motivation zielgerichtet vorzugehen und Personen und Aufgaben mitzunehmen.

9. **Balancieren.** Fähigkeit sich flexibel anzupassen, indem man die Vor- und Nachteile von Handeln, Reflexion, Erfahren und Denken abwägt und in das eigene Handeln einbezieht. Sich selbst hinterfragen können.

Es ist offensichtlich, dass man für die meisten reifen Entscheidungen und Handlungen mehr als einen Lernstil benötigt. Werden alle 9 Elemente vereint, redet man von „Balancieren". Reese (1998 [17]) konnte zeigen, dass die Merkfähigkeit bei 20 % liegt, wenn Lernende einen Lernstil verwenden und 90 %, wenn sie im 4-Stile-Modell 4 Lern-Modi abdecken (= Balancieren). Kolb & Kolb (2013 [11]) berichten in einem Übersichtsartikel über mehr als 200 Studien, bei denen sich in unterschiedlichen Fachdisziplinen gezeigt hat, dass eine multimodale Didaktik dieses Lernen optimiert.

Online Lehre mit dem Kolb-Ansatz

6

Ausblick

Ziel des siebten Kapitels ist es, den Lernprozess und das 9-Stile Modell auf die Onlinelehre anzuwenden und daraus ein Design zu entwickeln, das integriertes Lernen fördert und gleichzeitig Lernenden mit ihren Lernpräferenzen gerecht wird. ◄

▶ **Tipp** Planungsempfehlungen für die Online-Lehre folgen grundsätzlich drei einfachen Grundsätzen:

- Gestalten Sie Ihre Lehre immer so, dass Sie die 9 Lernstile kombinieren – und zwar möglichst vollständig und mehrmals bezogen auf ein Lernthema.
- Steigen Sie an unterschiedlichen Stellen im Zyklus ein. Damit erreichen Sie Studierende mit unterschiedlichen Lernstilen und Sie erhalten Rückmeldung, wie Ihre Studierenden mit dem jeweiligen Angebot zurechtkommen.
- Vergegenwärtigen Sie sich immer, dass Studierende im Lernprozess verschiedene Lernmodi verwenden. Gestalten Sie Ihre Lehre so, dass Sie Lernenden abwechslungsreiche Lernräume zur Verfügung stellen, damit diese einen variantenreichen Lernmodus entwickeln können. Am fruchtbringendsten ist es, wenn der Lernraum einerseits genug Sicherheit bietet – Studierende sollten sich mit ihrem Lernrepertoire dort wiederfinden – und der andererseits im positiven Sinn herausfordert.

© Der/die Autor(en), exklusiv lizenziert durch Springer Fachmedien Wiesbaden GmbH, ein Teil von Springer Nature 2020
M. Eckert, *Online-Lehre mit System*, essentials,
https://doi.org/10.1007/978-3-658-32670-8_6

Diese drei Grundsätze werden im Folgenden unterfüttert. Das bedeutet: Es werden Vorschläge unterbreitet,

- wie man Zirkularität erreicht,
- mit welchem Lernangebot man bei einem bestimmten Lernstil gut starten kann und
- wie man erreicht, dass benachbarte (Backup-Stile) aktiviert und integriert werden.

6.1   Die Vielfalt digitalen Lernens

Hinter dem Lernen mit digitalen Mitteln verbergen sich zahlreiche Varianten. Digital lernen lässt sich grob in online-basierte Präsenzlehre, Blended Learning und in Remote Lehre untergliedern. Die Übergänge können fließend sein.

Onlinebasierte Präsenzlehre
Online-basierte Präsenzlehre verwendet digitale Tools im Seminar- oder Vorlesungsraum. Unterschiedliche Tools lassen sich neben der Frontallehre und teilnehmerorientierten Lehre nutzen, beispielsweise Votings, Wikis und Etherpads (Sciflow für wissenschaftliche Texte) für Kollaboration oder (interaktive) Videos.

Es mag erstaunen, dass man Video-Meetings auch zur online-basierten Präsenzlehre zählen würde. Obwohl Lehrende aus der Distanz agieren, sind sie synchron zugeschaltet, also virtuell anwesend. Für Lehrende, die sich nur zögerlich auf erweiterte online-Tools einlassen und weitgehend äquivalent zur Frontallehre auf „talking heads" setzen, besteht das Risiko, dass sie nicht die gleichen Effekte erzielen wie beim Zusammensein im Seminarraum. Der größte Unterschied zur echten Präsenzlehre ist der, dass der Informationsfluss über analoge Kommunikationskanäle (z. B. nonverbale oder paraverbale Signale) sich in Videomeetings massiv verkürzt. In der Konsequenz können sich erhebliche Lerneinbußen zeigen. Negative Effekte lassen sich zum Teil dadurch auffangen, indem man Zusatzfunktionen nutzt: z. B. das Teilen des Bildschirms zum Einspielen von Präsentationen, interaktive Votings, Frage & Antwort Optionen sowie Umfragen und Selbsttests. Die verbreiteten Tools wie Zoom, Adobe Connect, Jetsi, Blackboard, VoxR, Keeunit oder Microsoft Teams bieten solche Komponenten in der Grundausstattung an.

Flipped Classroom

Eine Sonderform online-basierter Lehre mit einer großen Überschneidungsfläche zum Blended Learning sind Flipped Classroom Formate. Dabei bereiten sich Lernende eigenverantwortlich im Selbststudium komplett auf die Lehrveranstaltung vor. Die Dokumente und Instruktionen werden i. d. R. zuvor vom Lehrenden online zur Verfügung gestellt – am besten angereichert mit Instruktionen, Strukturierungs- und Arbeitshilfen (z. B. Leitfragen). In der Präsenzlehre werden nur noch Fragen beantwortet oder es wird miteinander an konkreten Fragestellungen – häufig mit Anwendungsbezug – gearbeitet. Der konkrete Basislehrstoff hat in der Präsenzlehre kaum noch Platz.

Blended Learning

Beim klassischen Blended Learning werden real vermittelte Inhalte systematisch mit Online-Lernen verschränkt. Das heißt, Lehre findet üblicherweise im Kurs- oder Seminarraum, das Selbststudium oder andere Formen der Kollaboration unter Verwendung von digitalen Elementen in der Distanz statt. Lernmodule auf den Learning Management Systemen (LMS) – z. B. ILIAS, Moodle, Keeunit gehören z. B. zu dieser Gattung. Eingestreute Virtual Reality Angebote holen Wirklichkeit in die Lernsituation, Übungen, die mit Videos, Podcasts oder Präsentationen unterlegt sind, ergänzen klassische.

Lernelemente, die auch in der Distanz gut funktionieren. In der Regel werden Lerninhalte, die online vermittelt wurden, in der Präsenzlehre aufgegriffen oder Präsenzelemente werden durch Onlinelernen vertieft. Blended Learning ist also eine alternierende Lehr- und Lernform, bei der Querbezüge vom Lehrenden transparent gemacht werden.

Remote-Lehre

Die Remote-Lehre ist eine Lernvariante, die ganz auf Präsenz verzichtet. Das heißt, Lehreinheiten sind komplett selbsterklärend. Auch Prüfungen oder Lernerfolg-Messungen werden online durchgeführt. Zum Repertoire gehören Lernvideos, vertonte oder videografierte Präsentationen oder E-Learning Module, die eine Abschlussprüfung beinhalten.

Darüber hinaus sind digitale Lernkomponenten häufig hybrid ausgelegt. Webinare leben davon, dass sie synchrone und asynchrone Anteile miteinander kombinieren – aufgezeichnete Webinare kann man sich wiederholt ansehen. Lern-Apps (wie StudySmarter, charly.education, Canva oder Kahoot), mit deren Hilfe Studierende Informationen und auch Lehrmaterialien selbstständig bearbeiten, sichern den

Lernerfolg auf allen Ebenen. Sie können mit Elementen aus der Remote-Lehre ebenso verknüpft werden wie mit Präsenzlehre oder Blended Learning.

Erwähnenswert, aber nicht verwunderlich ist, dass die reine Remote-Lehre insofern aufwändiger ist und mehr technisches Knowhow und Ressourcen benötigt, weil hier sämtliche Elemente vorproduziert werden müssen. Remote-Lehre kommt schlecht ohne Video- oder Audioproduktion aus (mit Camtasia, Loom, Snagit oder Studio.Opencast) und auch die Zusammenstellung verschiedener Informationen und Methoden in einem Remote-Modul verlangt Lehrenden besondere technische, methodische und didaktische Fähigkeiten ab. Der Rückgriff auf fertige Module ist möglich. Deren Nachteil ist häufig die mangelnde Spezifität. Kostspielig können Remote-, aber auch andere online-Elemente werden, wenn sie auf Virtual Reality oder Augmented Reality zurückgreifen.

Bei Lern-Komponenten, die mit Virtual Reality arbeiten, werden Lernende unter Verwendung von Datenbrillen in eine andere Wirklichkeit versetzt (z. B. Köln im Mittelalter, Museumsbesuche usw.). Bei Augmented Reality erscheinen in der realen Welt virtuelle Elemente. So können z. B. Zeitzeugen in den Seminarraum oder die Lernrealität des Lernenden geholt werden, was deren Schilderungen noch plastischer macht, stark affektiv wirkt und konkretes Erleben fördert. Ein gutes Beispiel ist die WDR-App „WDR AR 1933 – 1945", die Zeitzeugen in die Realität zuschaltet. Sie sitzen dann auf einem Sessel mitten im Kurs-, Seminar- oder Klassenraum und berichten über ihre Kindheitserlebnisse im zweiten Weltkrieg. Die nachhaltige Wirkung wird u. a. dadurch erzielt, dass Lernende z. B. die Zeitzeugen der WDR-App mit realen Personen aus ihrem persönlichen Umfeld assoziieren (z. B. der Großmutter).

Abb. 6.1 stellt den Versuch dar, einige Möglichkeiten digitalen Lernens zu systematisieren. Die drei Gattungen sagen noch nichts darüber aus, ob mit ihnen positive Lernprozesse in Gang gesetzt werden. So ist es denkbar, dass kreativ und bunt aufgemachte Remote-Lerneinheiten ausschließlich einen einzigen Lernmodus bedienen – z. B. nur die theorielastigen Modi „Analysieren" und „Denken" oder nur einen initiierenden reflektierenden Lern-Modus (häufig bei Lernvideos zur Motivation). Frei am Markt verfügbare Lernmodule sind zuweilen so allgemein aufgemacht, dass die Anbindung an spezifische, studienbezogene oder berufliche Bedingungen nicht immer gelingt. Übertragen auf das Kolb-Modell heißt das: Motivationsstarkes Lernen über die Stile „Erfahren" und „Initiieren" kann deshalb erschwert sein, weil sich die Modul-Inhalte nicht mit der real erlebten Umwelt in Kontakt bringen lassen.

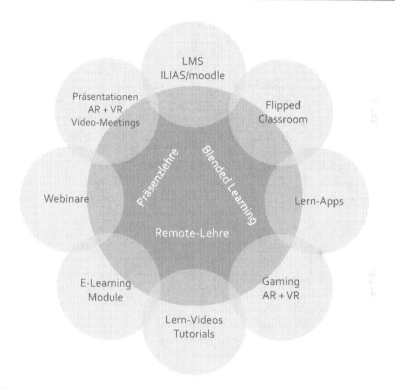

Abb. 6.1 Gattungen digitalen Lernens

▶ Es ist also keinesfalls so, dass Präsenzlehre grundsätzlich weniger
vielfältig ist als Blended-Learning oder Remote-Lehre. Allerdings
lässt sich der Wechsel zwischen den realen und digitalen Lernräumen
kreativ für Lehrvarianten nach Kolb nutzen. Studierende knüpfen an
die Präsenzlehre oft andere Erwartungen als an die Online-Lehre.
Bei der variantenreichen Online-Lehre lassen sich Lernende auf
Lernmethoden ein, die in der Präsenzlehre oft weniger akzeptiert
werden.

6.2   Allgemeine Effekte einer Online-Lehre nach Kolb

Die Umstellungen auf die Online-Lehre während der Covid-19-Pandemie brachte Vielfalt in die Hochschullehre. Einem ganzheitlichen Lernansatz wie dem zyklischen Erfahrungslernen (Kolb, 1984 [7]) kommt diese Entwicklung sehr entgegen, denn Vielfalt bedeutet auch, dass nicht nur neue, sondern auch gut eingeübte Methoden hinsichtlich ihrer Zweckdienlichkeit hinterfragt werden. Wozu man in Umbruchzeiten gezwungen ist, kann sich für die Optimierung der eigenen Lehre langfristig als Geschenk erweisen.

Bezogen auf den Kolbschen Ansatz bieten Online-Tools viel Spielraum in verschiedenen Bereichen. Einige Prozesse lassen sich wegen der Kleinschrittigkeit und Systematik bei der Darbietung sogar besser mit Online- als mit Präsenzlehre initiieren.

> ≫   Für eine detaillierte Darstellung der Tools fehlt hier leider der Raum. Eine gute Übersicht über gängige und bewährte Tools mit Beispielen und Bewertungen finden Hochschullehrende auf der Website https:// hochschulforumdigitalisierung.de.

Im Folgenden werden zunächst allgemeine Stärken der Online-Lehre unter Verwendung des Kolbschen Ansatzes dargestellt. Gute Effekte lassen sich für Motivation, individuelles Lernen, Kollaboration und das Vertiefen von Lernstoffen durch systematische Wiederholung erzielen. In Kap. 7 geht es dann um Feinjustierungen, die vor allem für die zirkuläre Planung und Gestaltung des Lernprozesses wichtig sind.

6.3   Aktivierung und Motivation steigern durch Online-Lehre

Vergegenwärtigt man sich die obere Zeile im 9-Stile-Modell mit den Kategorien „Initiieren", „Erfahren" und „Vorstellen" (Abb. 5.2), ist klar, hier geht es um Motivation und persönliches Engagement. Wer im Kontext von Video-Konferenzen Lernende durch spontane Votings, synchrone, geöffnete Chats oder Umfragen einbezieht, möchte deren persönliche Standpunkte und Vorstellungen erfassen. Die meisten Lehrenden und Lernenden merkten zu Beginn der Pandemie 2020 sehr schnell, dass bei Online-Meetings mit großen Gruppen häufig die Vitalität leidet. Die zusätzlichen Tools wie Chats und Umfragen sorgen für Auffrischung und

Aktivierung. Zudem lassen sich Rückmeldungen spontan für die Kommunikation oder Präsentationsschwerpunkte verwerten. Dadurch wird Kommunikation forciert, was bei Wegfall analoger Kommunikationssignale (z. B. nonverbale Kommunikation) besonders wichtig ist.

Beispiel

Während eines Video-Meetings sind eine Präsentation (PP-Folien) und ein gemeinsamer Chat sichtbar. Die Studierenden werden nach einer Informationseinheit (z. B. nach der Präsentation einer Statistik) aufgefordert, spontan im Chat ihre Eindrücke und Fragen einzuspeisen („Initiieren"). Die/der Lehrende greift diese auf und kann so dafür sorgen, dass Widersprüche ausgeräumt werden. Außerdem wird die Vielfalt der Interpretationsansätze sichtbar und nutzbar gemacht (Vorstellen) – Lernende werden animiert, sich mit verschiedenen Perspektiven (Reflektieren) zu beschäftigen. Besonders wertvoll ist, dass auch zurückhaltende Lernende sich beteiligen können, die in der Präsenzlehre häufig passiv bleiben. Durch die Chatmöglichkeit wird die Fähigkeit geschult, Eindrücke zu relativieren (Reflektieren).◄

> Videokonferenz-Tools wie Adobe-Connect, MS-Teams, BigBlueButton oder Zoom verfügen über die Möglichkeit, Chats, zuweilen auch Umfragen zuzuschalten. Durch Angebote wie umfrageonline.com, Sli.do, Kialo, Mural oder Pigeon Hole lassen diese sich sogar teilweise parallel über das Smartphone bedienen oder in bestehende Folien-Präsentationen einbauen, sodass Lehrende während des Meetings nicht mit der zusätzlichen Moderation mehrerer didaktischer Elemente überfordert werden. Ein Link zur Umfrage wird einfach in den Chat eingestellt.

6.4 Lehre durch explizite Instruktion optimieren

Online-Lehre kann dazu beitragen, dass sich die Elemente „Reflektieren", „Analysieren" (rechte Spalte des 9-Stile Modells) und „Denken" (untere Zeile mittig) gegenüber der Präsenzlehre didaktisch optimieren lassen. Durch den Wegfall des direkten Kontaktes müssen Aufgabenstellungen stärker spezifiziert und zielgenau formuliert werden. Das heißt, Chancen sollten genutzt werden, Leistungserwartungen und den Lernrahmen widerspruchsfrei zu präsentieren. Sonst verlieren Lernende die Orientierung und steigen verfrüht aus.

In Lernmodulen universitärer Lernplattformen lassen sich Instruktionen, Anschauungsmaterialien und Texte optimal miteinander verschränken. Durch die Verschriftlichung der Arbeitsaufträge und einen genau getakteten, sequenziellen Abruf, werden Arbeitsabläufe gerade unter Online-Bedingungen häufig transparenter als in der Präsenzlehre. Wer sich darüber hinaus auf die Lernstile der Lernenden einstellt, wird berücksichtigen, dass manche Lernenden nicht sofort in einen analytischen Modus einsteigen können. Das bedeutet, Instruktionen und Materialien sollten im oberen oder mittleren Segment der rechten Lernstil-Spalte beginnen – also bei „Vorstellen" und „Reflektieren". Nur sehr flexible Lernende und solche, die ohnehin im mittleren bis unteren Bereich des 9-Stil-Modells (rechte Spalte) oder in der Mitte bei „Denken" angesiedelt sind, können aus dem Stand abstrakte Texte analysieren. Gerade Online-Elemente können dafür sorgen, Lernende didaktisch eingestimmt werden.

Beispiel

Ein Lernmodul oder eine Übung auf einer Lernplattform ist so aufgebaut, dass nacheinander einzelne Übungseinheiten aktiviert und Dokumente gezielt freigeschaltet werden. Unter Berücksichtigung von „Vorstellen" und „Reflektieren" als Lernstil kann man z. B. mit einer Videosequenz beginnen. Die Studierenden erhalten zur Unterstützung Leitfragen. Ihre Ausarbeitungen dazu halten sie in einem Dokument fest und laden dieses anschließend hoch. Durch Leitfragen wird „Reflektieren" vertieft. Manche LMS verfügen über das Tool „Interaktives Video". Mit diesem Instrument lassen sich Videosequenzen von Lernenden in Teilstücke zerlegen. Für jedes Teilstück kann ein Kommentar, eine Zusammenfassung oder ein Reflexionsgedanke eingefügt werden

Entweder bewertet oder kommentiert die/der Lehrende anschließend die Ergebnisse oder stellt Lösungsskizzen zur Verfügung. Diese werden erst aktiviert, wenn der erste Beobachtungsauftrag erfolgreich abgeschlossen worden ist. Danach erst erhalten Lernende einen Text zur Bearbeitung, der auf das Video, die beobachteten Zusammenhänge und vorauslaufenden Arbeitsergebnisse Bezug nehmen sollte.◄

6.5 Lernen personalisieren

Online-Lehre hat den Vorteil, dass sich Lernschritte personalisieren lassen. Während in der Präsenzlehre i. d. R. ein festes Zeitfenster einzuhalten ist und auf die Lerngeschwindigkeit der/des Einzelnen nicht immer Rücksicht genommen werden kann, lassen sich in Online-Sequenzen Lernprozesse individuell gut anpassen.

Wenn man davon ausgeht, dass jede/r Lernende/r ihren/seinen eigenen, persönlichen Lernstilmix mitbringt und zudem auf spezifische Backup-Stile zurückgreifen kann, werden Methoden, die personalisiertes Lernen ermöglichen, immer wirkungsvoller sein als globale Formate.

Lern-Module, in denen jede/r in der eigenen Geschwindigkeit Step-by-Step weiterkommt – neue Lernschritte lassen sich erst aktivieren, wenn vorauslaufende erfolgreich bearbeitet worden sind – sind vor allem dann hilfreich, wenn Studierende sich mit einem Lerninput beschäftigen müssen, der noch nicht gut in ihrem Lernstil-Repertoire etabliert ist. Voraussetzung ist hier immer, dass Studierende zwischendurch eigenständig Lernkontrollen vornehmen können, um Defizite auch zu erfassen. Der Wechsel zwischen mehreren Lernmodi und eingestreute Motivations- und Feedbackhilfen können Druck aus dem Lernprozess nehmen.

Bei personalisierten Online-Angeboten spielt die Möglichkeit zur Wiederholung eine besondere Rolle. Was in der Präsenzlehre kontraproduktiv sein kann, weil Lernende unterschiedlich weit sind und vor allem Leistungsstarke bei der wiederholten Darbietung eines Lerngegenstands im Präsenzseminar aus Langeweile aussteigen würden, ist in der Online-Lehre leicht. Vor allem kann niemand ihr/sein Gesicht verlieren, wenn sie/er sich noch ein zweites oder drittes Mal mit einem Inhalt beschäftigen muss, bis die Zusammenhänge endgültig verstanden worden sind. Bieten Lehrende variantenreiche asynchrone Wiederholungsmöglichkeiten (also nicht nur Texte!) im Selbststudium an, respektieren sie den individuellen Lernstil der/des Lernenden und zeigen Wertschätzung. Zu bedenken ist allerdings: für diejenigen, die Probleme mit Vertiefung, Abstraktion oder logischem Denken haben, sollte die Lernsequenz motivierend sein und mehrere Kanäle ansprechen (auditiv, visuell).

Beispiel

Mehrstufige Übungen wurden bereits im vorherigen Beispiel beschrieben. Personalisiertes Lernen kann unterstützt werden, wenn Lernenden im Rahmen einer Übung eine vertonte Power-Point Präsentation, ein Lernvideo oder eine kommentierte Bearbeitungsskizze – z. B. ein Flussdiagramm, das sich Schritt für Schritt entwickelt – zur Verfügung gestellt wird. Diese Lernquellen sollten sich Lernende unbegrenzt häufig ansehen/bearbeiten können. Damit sie nach einer anstrengenden Informationsverarbeitungsphase (neue Inhalte) wieder in einen Modus eintreten, der motiviert, sollten die Sequenzen nicht zu lang sein. Ein kurzweiliges „Quizz" als Leistungskontrolle kann sie kurzfristig in einen stressfreien Spielmodus (Erfahren) versetzen. Über die Länge einer Lernsequenz könnte entscheiden, ob das Kernwissen in einem übersichtlichen Quizz abgefragt werden kann – wenn nicht, lohnt es sich, Lernsequenzen zu unterteilen. Ein Quizz nicht auf Anhieb zu lösen, ist meisten affektiv weniger belastend als einen ausgewiesenen „Leistungstest" am Ende einer langen Lernsequenz nicht zu bestehen. Zudem haben Quizzen den Vorteil, dass die/der Lernende sofort erkennt, ob sie/er erfolgreich war oder nicht. Danach lässt sich die Informationsvermittlung und intensiviertes Lernen beliebig fortsetzen.◄

Vertonte Power-Point Präsentationen lassen sich im MS-Power-Point herstellen. Das heißt, zusätzliche Tools werden nicht benötigt, sondern lediglich ein Headset. Es lohnen sich ein paar Vorbereitungen, z. B. die Erstellung eines Drehbuchs und Foliensätze mit animierten Elementen. Übersichtliche Informationselemente lassen sich leichter kommentieren als große Informationseinheiten. Man verliert als Wissensvermittler*in beim Vertonen nicht so leicht den Faden.

Lernende finden es übrigens gar nicht so problematisch, wenn sich Dozent*innen bei der Audio- Aufnahme versprechen oder Dinge nicht auf Anhieb akkurat ausdrücken. Authentische Produkte machen das Ganze locker. Wichtiger ist eine gute, nachvollziehbare Struktur. Vertonte Folien benötigen viel Speicherplatz. Wenn man möchte, dass Lernende die Module auch unterwegs nutzen können, sollten sie nicht zu lang sein, damit sie z. B. auf das Smartphone geladen werden können.

Quizzen findet man als Bestandteil von Lernplattformen (Test oder Life-Voting). Handhabbarer sind Programme wie Sli.do. Lehrendenzugänge sind oft kostenlos oder kostenreduziert.

6.6   Lernen durch Austausch heißt Perspektivenvielfalt nutzen

Digitale Kollaborationstools lassen sich in der Präsenzlehre und auch in der distanten Lehre nutzen. Kollaboration kann nützlich sein, wenn mehrere Perspektiven und Lernstile in Verarbeitungsprozesse einfließen sollen. Nach einer subjektiv bedeutsamen realen Erfahrung oder nach einer emotional beanspruchenden Video-Sequenz (Vorstellen) stellen sich als erstes subjektive Vorstellungen ein. Diese können besser bearbeitet, vertieft und verstanden werden, wenn es gelingt, sie mit anderen zu vergleichen (Reflektieren). Bringt jemand bereits einen Lernmodus mit, in dem sie/er überwiegend durch „Reflektieren" oder „Abstrahieren" lernt, ist sie/er wahrscheinlich bereits in der Lage, sich von eigenen Erfahrungen zu lösen. Auch Systematiken würde jemand mit einer solchen Präferenz schneller erkennen als jemand, die/der bei „Initiieren" oder „Erfahren" verhaftet ist.

Das Switchen in Bereiche der rechten unteren Spalte des 9-Stile-Modells gelingt zudem leichter, wenn man die Perspektiven anderer Menschen kennengelernt hat. Bei der Online-Lehre kann das dadurch gelingen, dass Studierende kleine virtuelle Arbeitsgruppen bilden und sich gegenseitig persönliche Erfahrungen/Lernerfahrungen nahebringen und zugleich Impulse für die Analyse vom Lehrenden erhalten.

Austausch und Kollaboration sind auch auf der linken Seite des 9-Stile-Modells (Denken, Entscheiden, Handeln) zweckdienlich. Dort wird das Ziel verfolgt, Theorien und theoretische Konzepte zu konkretisieren und ihre Eignung in der Praxis zu prüfen. Haben Studierende einen theoretischen Zusammenhang in einer vorauslaufenden Lehreinheit erfasst, kommen sie als Kleingruppe virtuell zusammen, um mögliche Anwendungen zu besprechen oder für ein Fallbeispiel gemeinsam die richtige Lösung zu finden. Diese Art der Zusammenarbeit hat für Lehrende den Vorteil, dass Lösungsvorschläge gruppenweise vorgelegt werden und sich so die Zahl der Korrekturen oder Kommentare verringert. Feedback für vier Kleingruppen kann detaillierter ausfallen als Feedback für 30 Einzelleistungen. Um die Perspektivenbreite noch einmal zu erweitern, können Lösungen einem zusätzlichen Peerrating unterzogen werden. In diesem Fall tauschen die Studierendengruppen untereinander ihre Erarbeitungen aus und kommentieren die Ergebnisse gegenseitig[1].

Beispiel

Beispiel zum Austausch mit dem Ziel „Reflektieren" und „Analysieren": Lernende sollen ihre Einzelerfahrungen zum Thema „Bildungsdisparitäten im sozialen Brennpunkt" sammeln. Studierende sind während der Bearbeitung gleichzeitig (synchron), wenn auch an verschiedenen Orten anwesend oder

---

[1]Häfele und Maier-Häfele (2020 [2]) beschreiben in ihrem Buch 101 Seminarmethoden, zu denen auch Beispiel für Kollaborations- und Austauschformate gehören, die sich mit konventionellen universitären LMS-Tools nutzen lassen der Lernplattform eingestellt werden.

sie arbeiten zeitversetzt (asynchron). Didaktische Überlegungen sollten darüber entscheiden, über welche Form der Zusammenarbeit – synchron oder
asynchron – die besten Effekte erzielt werden

Ein Wiki eignet sich dafür, in einem gemeinsamen Dokument Aussagen und
Erkenntnisse festzuhalten. Wikis sind Bestandteile von Lernplattformen, können aber auch als Freeware plattformunabhängig genutzt werden. Der Vorteil:
sie sind jederzeit ergänzbar oder abänderbar, können leicht durch Bilder und
Abbildungen angereichert werden und haben i. d. R. – anders als Etherpads
(s. u.) – ein ansprechendes Design. Man kann sie zudem bewerten lassen.

Geht es um Spontaneität können im LMS (ILIAS) oder Team-Tools (wie
z. B. MS Teams, Keeunit) gut Foren genutzt werden. Etherpads sind Dokumente, in die man gemeinsam hineinschreiben kann – hier macht die synchrone
Bearbeitung Sinn. Jede/r schreibt z. B. in einer eigenen Farbe, sodass man
Quellen nachverfolgen kann. Lehrende können diese Prozesse durch Leitfragen
steuern, die sie direkt im Etherpad oder im Wiki hinterlegen.

Die Studierenden beginnen mit einem Erfahrungsbericht (Leitfrage!) oder
berichten über ihre Reaktion auf eine Videoszene („Erfahren", „Vorstellen").
Anschließend bearbeiten sie ihre Schilderungen systematisch, indem sie ihre
Reaktionen klassifizieren und ggfls. bewerten (Reflektieren, Analysieren). Über
das Anlegen einer Excel-Tabelle mit Kriterien lässt sich der Prozess systematisieren: Was war ähnlich, was war unterschiedlich, was waren die Auslöser, wie
stark war die Betroffenheit usw.? Alle Schritte lassen sich online-basiert auch
in der Präsenzlehre nutzen. Der Vorteil synchroner Arbeitsmittel (wie z. B.
Etherpads) ist der, dass die/der Lehrende die Ergebnisse mitverfolgen und zeit-
nah aus der Distanz Impulse geben kann, indem sie/er in das Dokument selbst
hineinschreibt.◄

Die Steuerung solcher Austauschprozesse sind mit Programmen wie MS Teams,
Padlet, Discord oder Slack relativ übersichtlich zu steuern. Über eine Lernplattform ist der Koordinierungsaufwand etwas größer und sperriger, vor allem wenn
Prozesse synchron ablaufen und viele virtuelle Kleingruppen gleichzeitig betreut
werden müssen.

6.7   Selbstwirksamkeit erfahren durch Online-Lehre

Nicht nur Lernende mit den Lernstilen „Handeln" und „Initiieren" profitieren
von Lernmethoden, die sie zu aktiv Handelnden machen. Aktives Gestalten und

das Sichtbarmachen von Ergebnissen stärken das Gefühl von Selbstwirksamkeit. Gestaltende Instrumente sind dann im Kolbschen Sinne besonders wichtig, wenn sich dadurch Lermodi vervollständigen lassen oder der Zyklus abgeschlossen wird. Das muss in Seminaren nicht nur am Ende passieren, sondern sollte mehrfach (Kolb nennt das spiralförmig) praktiziert werden.

Online-Lehre bietet für kreative Gestaltungsprozesse besonders viele Möglichkeiten – vor allem wenn Lernleistungen über einen längeren Zeitraum erbracht werden sollen. Präsentations-Vorträge, schriftliche Arbeiten und Klausuren stehen in Hochschule häufig am Ende von Lernphasen. Je nach Fachdisziplin haben diese Leistungen einen mehr oder weniger replizierenden Charakter oder dokumentieren nur Teilaspekte des eigentlichen Lernprozesses.

Mit Online-Lehre lassen sich neben diesen, häufig in Prüfungsordnungen festgelegten statischen Prüfungsanlässen, Lernelemente etablieren, die den kreativen Umgang mit Erlerntem ermöglichen. Lernenden wird eine Meta-Perspektive zum eigenen Lernen eröffnet und ganzheitliches Lernen belohnt. So können sie in die Lage versetzt werden, auch jenseits von Prüfungsanforderungen den Lernprozess holistisch zu erleben, verschiedene Lernstile zu integrieren und auch Stolz zu empfinden.

> **Beispiel**
>
> Damit sich Lernende als gestaltende Akteure erleben, bieten sich verschiedene Optionen an: E-Portfolios sind digitale Sammelmappen, in denen Lernende Arbeitsergebnisse ablegen, die sie über ein oder mehrere Semester erstellt haben. Lehrende legen zu Beginn des Semesters fest, welche Elemente zur Sammelmappe gehören und wie diese aufbereitet sein sollen. Um den aktiven/experimentellen (d. h. anwendungsorientierten) Teil des Lernens besonders herauszustellen, eigenen sich Visualisierungen, Infografiken (z. B. mit Drawpile oder easel.ly), Fallbeschreibungen oder Präsentationen besonders gut. Ein E-Portfolio kann zudem, anders als mündlich vorgetragene Inhalte oder Papierdokumente, selbsterstellte Audio- und Videodateien sowie vertonte Power-Point Präsentationen enthalten, in die Studierende ihre persönliche Note einbringen
>
> Öffentlich in einem Ordner auf der Lernplattform abgelegt, können E-Portfolios vielfältig genutzt werden. Die Pflege von E-Portfolios lässt sich mit den Anforderungen auf der linken Seite des 9-Stile Modells gut verschränken. Studierende müssen Entscheidungen treffen (Entscheiden), was sich am besten zur Dokumentation eignet, sie experimentieren mit verschiedenen Varianten (Handeln) und sind persönlich involviert (Initiieren), teilen darüber hinaus

ihre Erfahrungen mit anderen (Erfahren). Damit die aufwendige und komplexe Methodik akzeptiert wird, ist jedoch die explizite Anbindung an die Lehreinheiten sowie Feedback notwendig. Mit Bomb Bomb kann man Lernenden z. B. sehr einfach ein kurzes Videofeedback schicken.◄

E-Portfolios können auch in Lernpartnerschaften entstehen. In diesen Fällen werden Arbeitsproben jeweils von zwei Personen erstellt, kommentiert und zusätzlich der Prozess der Zusammenarbeit dokumentiert. Von Lehrenden zur Verfügung gestellte Schemata und ausfüllbare Formulare können als Arbeitsblätter Übersicht verbessern und Hemmschwellen senken.

Beispiel

Lehrende vereinbaren mit ihren Studierenden zur Semesterbeginn die Pflege eines E-Portfolios, in dem für jedes Oberthema (z. B. Theorien der Soziologe oder Soziale Bewegungen) Fallvignetten und Pressemeldungen zu aktuellen oder historisch bedeutsamen Ereignissen von den Studierenden abgelegt werden. Die Portfolios sind öffentlich, d. h. jede/r kann sich alles ansehen und sich inspirieren lassen. Zugleich können besonders brauchbare Fallvignetten von Studierenden für die Bearbeitung in der Präsenzlehre vorgeschlagen werden, um sie in der Lehre oder in virtuellen Kleingruppen zu bearbeiten. Als motivierender Auftakt einer Lehrstunde lassen sich Vignetten gut nutzen.

Hinterlegte Fallvignetten und Dokumente sollen sukzessiv mit den infrage kommenden Erklärungsansätzen und Praxiserfahrungen verknüpft und angereichert werden. Zu verschiedenen Zeitpunkten werden vom Lehrenden zusätzlich Visualisierungen oder Kurzpräsentationen verlangt, um „Denken", „Analysieren" und „Reflektieren" (die untere Zeile des 9-Stile-Modells) einzuüben/wachzuhalten. Um Komplexität zu erhöhen, können zu bestimmten Zeitpunkten Kleingruppen zusammengestellt werden, die ihre E-Portfolios für ihre Präsentation oder Infografik zusammenlegen und gemeinsam an einem gemeinsamen Produkt weiterarbeiten – z. B. eine gemeinsame Präsentation erarbeiten.◄

Videos und Podcasts eignen sich als Gestaltungsübungen ebenso gut. Beispielsweise kann Lernen dadurch intensiviert werden, dass Lernende ein ansprechendes Lernvideo zu einer bestimmten Thematik für Nachfolgeseminare erstellen. Vor allem Studierende, die sich mit Abstraktion und theoretischem Wissen schwertun, können unter Einbeziehung von gestalterischen Aspekten punkten. Sie haben zudem häufig ein besonderes Talent, andere mitzunehmen und zu motivieren und sind bei praktischen Übungen oft sehr engagiert. Wenn Hochschulen über Tools und Lernlabore verfügen, in denen Studierende Virtual und Augmented Reality Formate selbst erstellen können, erreicht man damit natürlich das Maximum gestalterischer Möglichkeiten. Im kleineren Rahmen lassen sich über Smartphones und Tablets auch Apps nutzen, die Augmented Reality zulassen, z. B. Arloopa.

6.8   Online-training on the Student Job

Für die Fort- und berufliche Weiterbildung sind Formate zum "Training on the Job" inzwischen selbstverständlich. Auch ein Hochschulstudium ist ein solcher „Job". Es gibt vielfältige Fertigkeiten und Fähigkeiten, die sich durch grundständige Lernmodule abdecken lassen.

Manche Hochschulen bieten z. B. zum wissenschaftlichen Lernen und Schreiben (Schreibwerkstatt) Basismodule an, die Studierenden als Remote-Modul jederzeit zur Verfügung stehen. Es ist wahrscheinlich, dass es in jeder Fachdisziplin Grundlagen gibt, die einen übergreifenden Charakter haben (z. B. juristische Methodik, Erstellen von Projekt- und Forschungsberichten, Aufbau von psychologischen Gutachten, Laborberichten, Projektmanagement). Entscheidet man sich als Lehrender oder Fachgruppe dafür, eigene Module oder Lernvideos zu erstellen, sollten diese am besten so konzipiert sein, dass in jedem Modul der Lernzyklus durchlaufen wird oder zumindest relevante Einzelkomponenten des Zyklus repräsentiert sind. Die systematische Aufmachung wird Lernenden mehr nutzen als technisch und visuell perfekt layoutete Varianten, denen es an Systematik fehlt.

Wenn Studierende mit dem Kolbschen Modell vertraut sind, machen auch Module Sinn, die aufeinander aufbauen und jeweils nur zwei oder drei Lernstile ansprechen. Man könnte in einem solchen Fall lernstilspezifische Kennzeichnungen vornehmen (z. B. „In diesem Modul geht es um Vertiefung (Reflektieren) und Systematisierung (Analyse). Studierende werden zuvor dafür sensibilisiert, alle 9 Lernphasen zu durchlaufen oder erhalten „Bingo-Karten", auf denen Sie Erreichtes abhaken können.

Die Online-Lehre ist prädestiniert für „Training-on the Job Module". Hierzu gibt es in der Präsenzlehre selten eine ressourcensparende, nutzerfreundliche Alternative.

Online-Lehre feinjustieren

Ausblick

In Kap. 7 geht es darum, mit Hilfe von Lernelementen den Lernprozess klein-
teilig zu steuern. Die Planung einer Lerneinheit orientiert sich dabei an den
Stärken und Lernhemmnissen, die mit einzelnen Lernstilen verknüpft sind.
Feinjustierung bedeutet, Lernende nah an ihrem Lernrepertoire abzuholen und
Lernen in noch unvertrauten Lernmodi so zu aktivieren, dass es den Lernenden
leicht fällt, Anschluss zu finden. Es geht stärker als in Kap. 6 um individuelle
Passung.◄

Die effizienteste Feinjustierung mit dem Kolb-Modell wird erzielt, wenn Lernende ihr Lernstil-Profil selbst bekannt ist. Im Internet findet man unter den
Stichworten „Lernen Kolb" oder „Lernstil Test Kolb" verschiedene Varianten
in deutscher Sprache. Entscheidet man sich für einen Zugang, in dem Studierende mit dem Kolbschen Modell vertraut gemacht werden sollen, sollte
darauf geachtet werden, dass die Interpretationen der Internetversionen nicht zu
holzschnittartig/typisierend ausfallen und den Interpretationen der/des Lehrenden nicht widersprechen. Gelegentlich bieten Hochschulen (z. B. die Universität
Freiburg) auch online-Tests an.

Aber bereits eine grobe Selbsteinschätzung ohne Testung ist hilfreich. Wenn
Studierende sich mit dem 9-Stile-Modell (Abb. 6.1) beschäftigen, entwickeln
sie schnell eine Vorstellung, welcher Lernstil bei ihnen dominant ist. In der
Lehrpraxis der Autorin hat sich ein Vorgehen bewährt, das mit Texten arbeitet.

© Der/die Autor(en), exklusiv lizenziert durch Springer Fachmedien
Wiesbaden GmbH, ein Teil von Springer Nature 2020
M. Eckert, *Online-Lehre mit System*, essentials,
https://doi.org/10.1007/978-3-658-32670-8_7

➤   In populärwissenschaftlichen Büchern[1] findet man häufig Schilde-
    rungen, die mit anschaulichen Fallbeispielen, Storytelling-Elementen,
    visuellen Elementen (z. B. Abbildungen zu optischen Täuschungen)
    unterlegt sind, die aber auch Fachbegriffe und Theorieanteile und
    abstrakte Erklärungen und Handlungsempfehlungen enthalten. Las-
    sen Sie die Studierenden eine solche Passage lesen und fragen Sie,
    was ihnen am besten an dem Text gefallen hat. Was hat sie neugie-
    rig gemacht? An welche Inhalte können sie sich wahrscheinlich noch
    in ein paar Wochen erinnern? Welche Passagen wurden eher über-
    flogen? Welche Passagen müsste man mehrfach lesen, damit man
    versteht, was genau gemeint ist? Die Antworten lassen sich i. d. R.
    den Lernstilen zuordnen, die im 9-Stile-Modell beschrieben werden.
    Waren es die Geschichten über Patienten (Erfahren und Vorstellen), die
    geschilderten und wissenschaftlich beschriebenen Prozesse (Analysie-
    ren), erkannte man Fachbegriffe wieder (Denken), hat man Wissen an
    eigene Erfahrungen anschließen vertiefen können (Reflektieren, Den-
    ken) oder Entscheidungs- oder Handlungssicherheit entwickeln können
    (Entscheiden, Handeln), waren die Informationen anschlussfähig an
    Erlebtes/Erinnertes und hatte man sofort Ideen für eine Umsetzung
    (Handeln, Initiieren)?

7.1   Lernstilbezogene Stärken als Brücke nutzen

Feinjustierungen bei der Online-Lehre berücksichtigen bei der Lehrplanung
immer die Stärken und die besonderen Herausforderungen, die mit dem jeweiligen
Lernstil verbunden sind. In Abb. 7.1 wurden zentrale Stärken um die 9 Lernstile
herum angeordnet. Möchte man Lernende im Lernprozess mitnehmen, lassen sich
die Stärken, die mit Lernstile assoziiert sind, auf vielerlei Weise nutzen. Am wir-
kungsvollsten ist Lernen, wenn ein Lernimpuls an einen gut etablierten Lernstil
gekoppelt werden kann. Dann nämlich trifft der Lernimpuls auf bereits abge-
sicherte Lernstrukturen – Motivation ist wahrscheinlich. Lernen wird auf diese
Weise gewissermaßen positiv gebahnt.

---

[1]Im Buch von Bonhoeffer & Gruss gibt es beispielsweise eine Passage „Das Gehirn auf
der Anklagebank", die sich gut eignet. Bonhoeffer, T. & Gruss, P. (2011). Zukunft Gehirn.
München: Beck.

Abb. 7.1 Stärken im Zusammenhang mit Lernstilen, in Anlehnung an Kolb [7], S. 96 und Kolb & Kolb [11], S. 14

Beispiel

Sie haben in einem Pädagogikseminar in früheren Sitzungen zum Thema Erziehungsstile gearbeitet und u. a. in der Präsentation Bilder zur Veranschaulichung verschiedener Erziehungsstile genutzt. Sie gehen außerdem davon aus, dass theoretische Zusammenhänge grundsätzlich verstanden worden sind. In ihrer Präsentation spielen Sie ein bekanntes Bild zum autoritativen Erziehungsstil ein und legen ein neues, disruptiv wirkendes Bild daneben. Es zeigt eine Mutter-Kind Interaktion in einem Entwicklungsland oder Kriegsgebiet.

Es ist wahrscheinlich, dass Studierende auf unterschiedliche Weise auf ihre Lernstil-Stärken zurückgreifen, wenn sie den bildlichen Gegensatz kognitiv und affektiv erfasst haben. Lernende mit einem Schwerpunkt „Vorstellen" können ihre Sensibilität für die konkrete Situation nutzen und erkennen, dass die Mutter in Syrien ganz andere Probleme zu bewältigen hat als z. B. eine westeuropäische Mutter. Reflektierende haben einen besonderen Sinn für interkulturelle Ähnlichkeiten und Unterschiede und beschäftigen sich eher mit den Herausforderungen der Mutterrolle im Allgemeinen. Sie sind eher als Lernende mit dem Lernstil „Vorstellen" in der Lage, von der konkreten politischen Situation oder Kultureindruck zu abstrahieren. Analysierende können Unterschiede leicht integrieren und sich am theoretischen Konstrukt Erziehungsstil orientieren. Entscheidungs- und handlungsstarke Lernende haben es leicht, Bildungsempfehlungen abzuleiten oder Hilfsangebote sowie kultur- und umweltrelevante Lösungen zu entwickeln.

Online erheben Sie nun über einen Chat, ein Forum oder ein gemeinsam nutzbares Whiteboard (z. B. bei einer Videokonferenz) das Brainstorming der Studierenden. Mit Tools wie Sli.do (über das Smartphone aktivierbar) lassen sich die spontanen Einfälle anschließend als Wortwolke darstellen, wenn Sie nur einzelne Stichworte als Eingabe zulassen. Reaktionsweisen lassen sich alternativ über Multiple Choice Umfragen (z. B. onlineumfrage.de) erheben: „Welche zwei Fragen kommen Ihnen als erstes in den Sinn, wenn Sie die Fotos sehen?" – „Wie kann man im Krieg autoritativ erziehen?", „Ist ein autoritativer Erziehungsstil bildungsabhängig?", „Wie wirkt sich ein Kriegstrauma auf die Erziehungskompetenz der Eltern aus?", „Welcher Erziehungsstil ist in dieser Kultur weit verbreitet?" Online-Tools liefern auf Knopfdruck Balkendiagramme zu den Antworthäufigkeiten, die anschließend didaktisch oder in Diskussionen aufgegriffen werden können. Im Kontext von Lernplattformen muss man als Lehrende/r den Umweg über das Umfrage-Tool nehmen, was etwas Übung voraussetzt.◄

Ganz unabhängig davon, ob man in der Präsenzlehre, online oder remote weitermacht, man schließt an diesen Brückenauftakt weitere Lehrimpulse oder vertiefende Lehreinheiten an. Jeder/m Lernenden konnte durch den ersten Schritt ein individueller, motivierender Anschluss ermöglicht werden. Die sich anschließenden Texte oder Videos lassen sich nun systematisch analysieren. Um den Lernkreislauf anzureichern oder zu vervollständigen, kann die Lehreinheit mit einem Test oder einer Fallbearbeitung abschließen. Das Festhalten der Arbeitsergebnisse lässt sich durch Methoden bewerkstelligen, die in Kap. 6 bereits beschrieben wurden (Wiki, Etherpad, Formulare für ein E-portfolio). Die wichtigste Botschaft, die sie mit dem Aufbau vermitteln lautet: Sie signalisieren jeder/m Lernenden mit ihrer/seinem Lernstil, dass ihr/sein individueller Zugang ok sind, was sich günstig auf die weitere Mitarbeit auswirken wird.

7.2 Kompetenzen fördern und stärken

Über Online-Lehre lassen sich Kompetenzen gezielt fördern. Lernen ist dann herausfordernd, wenn es vorhandene Kompetenzen leicht oder mittelmäßig übersteigt. Ein gutes Design für die Lehre orientiert sich an den Lernstil-Stärken im äußeren Kreis der Abb. 7.1.

Angenommen Sie möchten Entscheidungs- und Anwendungskompetenzen fördern. Hierzu finden Sie bei den Lernstilen „Entscheiden" und „"Handeln" die Aussage „Ziele setzen, Handlungsstrategien entwickeln". An den umgebenden Stärken im Kreislauf können Lehrende festmachen, welche Kompetenzen grundsätzlich mit diesen Lernstil korrespondieren (in benachbarten Feldern des Lern-Zyklus). So lässt sich step by step das weitere Vorgehen systematisch planen.

Wenn Sie davon ausgehen müssen, dass nicht alle Studierende bereits relevantes Wissen parat haben, ist es zweckdienlich, die wichtigsten Zusammenhänge online als Basisinformation, Beispiele, oder systematische Übersichten (z. B. als Infografik) im Backup zur Verfügung zu stellen. Wenn Studierende auf diese ergänzenden Wissensbestände niedrigschwellig während des Präsenz- und Selbststudiums (z. B. mithilfe einer App, eines Glossars oder Dateien in einem LMS-Ordner) zurückgegriffen können, können sie kurzfristig bestehende Defizite kompensieren. Im besten Fall haben die Lernende diese Übersichten, Glossare und Infografiken (Analysieren und Denken) vorher selbst erstellt (Handeln, Initiieren, Erfahren).

Beispiel

Greifen wir das Pädagogik-Beispiel noch einmal auf. Die Instruktion einer über ein LMS eingestellten Übung könnte lauten: „Erarbeiten Sie zusammen mit drei Studierenden aus Ihrem Seminar einen Vorschlag, wie man bildungsferne Zielgruppen dabei unterstützen kann, einen autoritativen Erziehungsstil zu etablieren (Entscheiden und Handeln) und begründen Sie Ihre Empfehlung. Halten Sie ihre Überlegungen und Empfehlungen in einem gemeinsamen Wiki fest und entwerfen Sie eine Skizze zu einem Informationsmedium (Handeln, Initiieren), mit dem Sie sich direkt an eine ausgewählte Zielgruppe wenden. Laden Sie ihre Produkte bis zum 30. 10. 2020 in den Sammelordner (Drop Box) „Anwendung Erziehungsstile" hoch. Relevante Hintergrundinformationen finden Sie ebenfalls in diesem Ordner" (Reflektieren, Analysieren und Denken). Mit anschließender Peer-Beteiligung lässt sich die Lehreinheit noch intensivieren und öffentlich bewerten (Wiki).◄

Die mehrschrittige Aufgabenstellung und die Unterfütterung mit relevanten Informationen, die Studierende sich in Abhängigkeit vom eigenen Wissensstand geschützt im Selbststudium aneignen können, ist mit präsenztypischen Methoden und Medien kaum in dieser Effizienz zu bewerkstelligen. Die Online-Lehre begünstigt also Kleinschrittigkeit und Strukturiertheit.

7.3 Lernhemmnisse antizipieren und ausräumen

Bei der Online-Lehre ist es besonders wichtig, dass sich Lehrende immer mit den potenziellen Lernhemmnissen beschäftigen. Antizipationsfähigkeit ist die Schlüsselkompetenz in der Online-Lehre, denn anders als in der Präsenzlehre reduzieren sich online die Informationen, die aus dem persönlichen Kontakt resultieren. Gelingt es nicht, Lernende durch adäquate Instruktionen, vorauslaufende/begleitende Lernschritte und Feedback in die richtige Dynamik zu bringen, kann man sie online still an die eigenen Defizite verlieren. Abb. 7.2 fast zusammen, woran Lernende arbeiten müssen, wenn sie lernstilspezifische Lern-Hemmnisse überwinden wollen [7, 11].

> **Beispiel**
>
> Weil Lernende mit dem Lernstil „Denken" sich schnell in Tüfteleien verlieren, kann es für sie herausfordernd sein, mit anderen zusammenzuarbeiten und sich frühzeitig für Anwendungsfragen oder Diskussionen zu öffnen. Lernende mit dem Lernstil „Initiieren" können die Risiken ihres Lernstils ausgleichen, wenn sie lernen ihre Impulse zu kontrollieren und ihre Ungeduld zu überwinden. Ungeduld kann dazu führen, dass sie sich zu früh auf suboptimale Lösungen oder Handlungen festlegen. Lernende, die stark beim „Entscheiden" sind, drängen zu schnell auf Problemlösung, weil sie Uneindeutigkeit schlecht aushalten oder Meinungsnuancen in der Lerngruppe schlechter erkennen können oder diese unterschätzen. Der Austausch mit anderen und Reflexion kann ihnen dabei helfen, nicht zu früh Weichen zu stellen, die sie in die Irre leiten würden. ◄

Bei der Überwindung von Lernhemmnissen helfen in der Online-Lehre deren mehrschrittige Struktur und eine ausgewogene Komposition der Lernschritte. Je kleinteiliger (das meint nicht unbedingt zeitlich kürzer!) und abwechslungsreicher die Lernzugänge, desto besser lassen sich Lernschritte so gestalten, dass

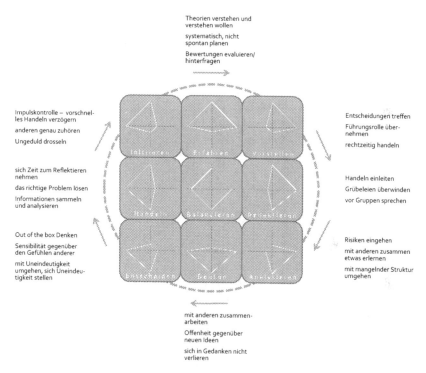

Theorien verstehen und
verstehen wollen

systematisch, nicht
spontan planen

Bewertungen evaluieren/
hinterfragen

Impulskontrolle – vorschnel-
les Handeln verzögern

anderen genau zuhören

Ungeduld drosseln

sich Zeit zum Reflektieren
nehmen

das richtige Problem lösen

Informationen sammeln
und analysieren

Out of the box Denken

Sensibilität gegenüber
den Gefühlen anderer

mit Uneindeutigkeit
umgehen, sich Uneindeu-
tigkeit stellen

Entscheidungen treffen

Führungsrolle über-
nehmen

rechtzeitig handeln

Handeln einleiten

Grübeleien überwinden

vor Gruppen sprechen

Risiken eingehen

mit anderen zusammen
etwas erlernen

mit mangelnder Struktur
umgehen

mit anderen zusammen-
arbeiten

Offenheit gegenüber
neuen Ideen

sich in Gedanken nicht
verlieren

Abb. 7.2 Lernhemmnisse – woran sollten Lernende arbeiten? In Anlehnung an Kolb & Kolb [11], S. 195–211

sie unterschiedliche Lernstile stützen. Dabei sind Lernschleifen, die im Lern-zyklus vorwärts- und rückwärts gewandt sein können, besonders wichtig. In diesen Schleifen spielen Feedback und Impulse von Lehrenden und Peers eine bedeutende Rolle. Das heißt, Leistungsrückmeldungen und Kontrollmöglichkeiten sollten unbedingt eingebaut sein.

Ähnlich wie in der Präsenzlehre sind es oft schriftlich fixierte Lernprotokolle oder ausführliche persönliche Schilderungen, die der/dem Lehrenden einen Ein-druck von der Lernstrategie der Studierenden vermitteln. Lern-Portfolios wurde an anderer Stelle bereits als hilfreiche Instrumente erwähnt. An ihnen lassen sich Lernfortschritte besser ablesen als an einzelnen Lernergebnissen. E-Portfolios sind ihrer Natur nach prozesshaft.

Gut handhabbar sind auch Online-Tests. Sie werden z. B. als feste Bestandteile von Lernplattformen angeboten. Online-Tests herzustellen ist für Lehrende ohne Übung zunächst zeitaufwendig. Sie erweisen sich aber langfristig als ökonomische Tools: Anders als über paper–pencil Tests kann die Rückmeldung automatisiert werden, d. h. Kommentare oder Punkte werden der/dem Studierenden auf Knopfduck aus dem LMS zugestellt, Ergebnisse werden archiviert. Besonders gut handhabbar sind die Tests von Keeunit, weil sie übersichtlich angeordnet werden können und die Fragen sich auch mit Quizzen oder Lern-Karten, die Studierende selbst erstellen, leicht kombinieren lassen. Außerdem ist die dazugehörende APP leichtgängig und ermöglicht niedrigschwelliges, ortsunabhängiges Lernen.

Lernhemmnisse erschließen sich ausschließlich durch Reflexion und das Einnehmen einer Meta-Perspektive. Können Lehrende Studierende dabei unterstützen, Sensibilität für ihre persönlichen Lernprozesse zu entwickeln, lassen sich gezielt Lernfortschritte in Gang setzen. Kolb & Kolb [11] schlagen vor, dass Lernenden mit Hilfe eines „Lernziel Plans" selbst ermitteln, ob sie im Lernprozess gut aufgestellt sind.

Um Hemmnisse zu erkennen, sollten Lernende ihr Augenmerk insbesondere auf die Bereiche im Lernzyklus richten, die nicht zu ihrem favorisierten Lernstil gehören, ehrlich und selbstkritisch sein und Optimierung begrüßen. Abb. 7.3 enthält Schlüsselfragen, die blinde Flecke beim Lernen offenbaren können [11].

Beispiel

Jemand mit dem Lernstil „Vorstellen" und Backup-Stilen „Erfahren" und „Reflektieren" kann Lernen optimieren, indem, sie/er die Schlüsselfragen zu „Analysieren", „Denken" und „Entscheiden" besonders beleuchtet. Sie/er sollte bereit ist, sich kritisch und ehrlich zu hinterfragen. Lehrende können diese Reflexion forcieren. Im Anschluss an eine Lernsequenz stellen sie eine komplexe Abschlussübung und zeitverzögert einen Online-Test zur Selbstüberprüfung zur Verfügung. Dieser sollte so platziert sein, dass Studierende bereits mit der Übung begonnen haben, eine Nachsteuerung jedoch noch gut umsetzbar ist.

Ein entsprechender Test kann sich auf die konkrete Fragestellung beziehen – „Habe ich die relevanten Statistiken zu den Unfällen durch überhöhte Geschwindigkeit sorgfältig und differenziert genug ausgewertet?", „Habe ich mich um Objektivität bemüht und meine subjektiven Vorannahmen beiseitegeschoben?" (Schlüsselfragen zu „Denken"). Alternativ besteht die Möglichkeit, die in Abb. 7.3 aufgelisteten Fragen allgemein an die Anforderungen der Fachdisziplin oder des Fachs anzupassen. Der spezifizierte Selbsttest kann auf einer

Abb. 7.3 Schlüsselfragen zum Entdecken blinder Flecke, in Anlehnung an Kolb & Kolb [11], S. 217

Lernstilspezifische Reflexion zur Ermittlung von blinden Flecken im Lernprozess

Beispiel: Empfohlene Reflexion (Felder mit Farbverlauf) bei Lernstildominanzen „Erfahren", „Vorstellen" und „Reflektieren"

Lernplattform hinterlegt werden, von wo er wiederholt und selbstgesteuert von Lernenden immer wieder abgerufen werden kann. Er kann so andere digitale „Training on the Job Angebote" für Studierende (Abschn. 6.8) anreichern.◄

Natürlich ist persönliches Feedback auch bei der Online-Lehre besonders wichtig. Bei schriftlichen Kommentaren zu Defiziten und Fehlern – sichtbar im Änderungs- oder Kommentarmodus bei Word-Dokumenten – kann sich bei Lernenden schnell emotionale Anspannung einstellen. Ein persönliches Videofeedback kann gerade einer kritischen Rückmeldung die Spitze nehmen und motivierend wirken. Nicht immer muss ein persönliches Feedback online synchrone über ein Video-Meeting laufen. Eine kurze Videonachricht über E-Mail verschickt (z. B. Bomb Bomb) oder ausführlicher als Screencasts, in dem man als Lehrende/r direkt eine Arbeitsleistung (Dokument) kommentiert, sind hilfreich. Mit entsprechenden Tools lassen sich auch für mehrere Studierende typische Fehler zusammenfassend behandeln. Schnelle, mündliche Tipps können so unmittelbar weiterhelfen. Stehen solche Tools nicht zur Verfügung, ist es möglich, auf Audio auszuweichen und vertonten Power-Point Präsentationen zu verwenden. Die Folien enthalten dann Textpassagen mit einigen wenigen Anmerkungen, die von der/vom Lehrenden kommentiert werden.

▶   Nutzen Sie Instrumente wie Greenshot, um auf einfache Art Screenshots zu erstellen, wenn Sie nicht auf videogestützte Rückmeldung zurückgreifen können. Das verkürzt die Herstellung von Folien ungemein.

Online-Lehre by Design

8

Ein gutes Design für die Online-Lehre leitet unter Verwendung des Kolb-Modells einen zyklischen Prozess mit Lernschleifen ein. Didaktische und methodische Entscheidungen orientieren sich an den vermuteten oder ermittelten Lernstilen der Lernenden und am Prinzip des Lernens durch Herausforderung. Sie berücksichtigen außerdem Stärken und antizipieren Hemmnisse. Wer mit dem Kolbschen Ansatz konsequent arbeitet, wird bei der Lehrplanung und -gestaltung mit der Zeit die Logik verinnerlicht haben und im (online- und Präsenz-) Kontakt mit Lernenden immer versierter Hebel zur Förderung ganzheitlichen Lernens erkennen.

Die Schnelligkeit, mit der Lehrende Online-Angebote kreieren, hängt zwar davon ab, welche digitalen Tools sie beherrschen. Grundsätzlich gilt jedoch: Selbst mit klassischen Instrumenten, die in der Präsenzlehre onlinegestützt oder als paper–pencil Methode genutzt werden, lassen sich in Übergangsphasen gute Effekte erzielen. Ob man sich sofort an ein komplexes Lernmodul heranwagt oder Dokumente und Medien als Einzeldateien mit optimierten, lernstilspezifischen Instruktionen zur Verfügung stellt, macht bei gut konzipierten Lerneinheiten auf Lernenden Seite u. U. keinen großen Unterschied. Auf Lehrenden Seite kann der Steuerungs- und Feedbackaufwand konventionell sehr viel höher ausfallen als bei der Online-Umsetzung. Online-Elemente zahlen sich auf lange Sicht aus und sind im Feld weniger bedienungsfehleranfällig. Die Frage, die sich deshalb bei der Designentwicklung stellt, lautet: „Mit welchen Online-Tool beschäftige ich mich am besten als nächstes, um ein wichtiges Lehrziel zu erreichen?"

▶ **Tipp** Wenn Sie vorrangig personalisiertes Lernen anstreben, investieren Sie zunächst am Besten in die Erstellung lernstilgerechter Instruktionen, in die Modifizierung all jener Lehrpräsentationen, die

M. Eckert, *Online-Lehre mit System*, essentials, https://doi.org/10.1007/978-3-658-32670-8_8

sich zur Wiederholung eignen (z. B. vertonte PP-Dateien) sowie digitale Quizzen zum Re-Motivieren und zur Automatisierung von Lernfeedback. Stehen Aktivierung und Reflexion rund um Video-Meetings im Vordergrund, ist die Beschäftigung mit gemeinsam nutzbaren Tools (Kollaboration) vielleicht gewinnbringender. Nach und nach lassen sich so digitale Kompetenzen gezielt anreichern.

Es ist immer besser, ein Lernmodul nach dem anderen nach der vorgeschlagenen Systematik methodisch abzurunden, als fragmentiert an vielen unterschiedlichen Stellen einzeln Tools wahllos auszuprobieren, ohne sie im System etablieren zu können.

8.1 Systematisch Planen mit Vorlagen

Eine systematische Planung der einzelnen Lernimpulse macht nicht nur für Kolb-Anfänger*innen Sinn. Mit der Visualisierung und Fixierung des Lehr-Designs erzielen Lehrende größere Planungssicherheit. Das beigefügte Design-Sheets (Abb. A1.1, A1.2 und A1.3) soll die systematische Planung erleichtern. Es sichert optimierte Abläufe und den notwendigen, lernstilspezifischen Methodenwechsel.

In Abb. 8.1 wurde das didaktische Vorgehen zum Thema „Erziehungsstile" aufgegriffen. Die ersten drei Lernimpulse wurden aufgenommen. Wird der Lernzyklus beim aktuellen Thema nicht vollständig durchlaufen, empfiehlt es sich, die fehlenden Elemente bei Folgethemen zu berücksichtigen.

8.2 Ausblick

In dem vorliegenden Essential konnten grundlegende Herangehensweise für eine Online-Lehre mit System skizziert werden. Durch den Fokus auf grundlegende Mechanismen sollte vor allem die Logik lernpsychologisch sinnvollen Planens vermittelt werden.

Die fachdisziplinäre Ausformung ist genauso wie eine vertiefte Würdigung digitaler Möglichkeiten nach dem Geschmack der/des ein oder anderen Lehrenden vielleicht zu kurz gekommen. Ausgespart blieb auch die Anbindung an Mediendidaktik und die Beantwortung der Frage, wie Audio- und Video-Sequenzen in den unterschiedlichen Modi des Lernzyklus konkret gewinnbringend angesiedelt werden können oder wie man Feedback videobasiert nutzen kann. Die selbstgesteuerten Lernmethoden von Studierenden, wie z. B. die Verwendung

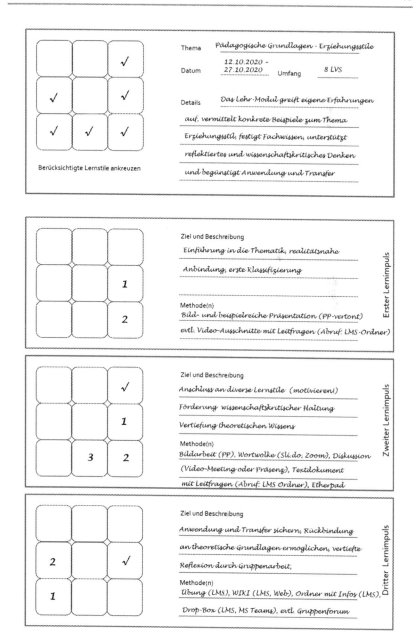

Abb. 8.1 Planungsskizze am Beispiel Erziehungsstile (Abschn. 7.1 und 7.2)

von Lern-Apps und Tutorials, mit denen Studierende eigenverantwortlich, d. h. unabhängig vom Lehrenden ihr Lernen gestalten, lassen sich problemlos in das Kolbsche Modell integrieren. Wie man diese Selbstlernelemente am besten verschränkt wäre eine Analyse wert.

Alles in allem könnte es sein, dass sich manche Erwartungen von Lehrenden nicht erfüllt haben und Fragen offengeblieben sind.

Es ist sogar kritisch zu hinterfragen, ob lernpsychologisch das „Buch" die optimale Darbietungsform für die vorliegende Thematik ist. Eine stärker an Online-Lehre angelehnte Vermittlungsform wäre ebenso naheliegend, zudem sehr spannend gewesen.

Am Ende dieses Essentials vertraut die Autorin darauf, dass Lehrende mit Kreativität und Mut für sie wichtige Perspektiven aufgreifen und eigenständig den Transfer in ihr Lehrgebiet in Gang setzen können.

Was Sie aus diesem *essential* mitnehmen können

- Weil Online-Lehre kleinschrittiger und abwechslungsreicher angelegt ist als Präsenzlehre, sind die Bedingungen für eine Anbindung an ganzheitliche und individualisierte Lernprozesse ideal.
- Voraussetzung für eine qualitativ hochwertige Online-Lehre ist, dass die Chancen und Risiken im Lernprozess antizipiert werden. Zur Orientierung eigenen sich die Lernstile der Lernenden und Lernstrategien, die integriertes Lernen im Lernzyklus unterstützen.
- Der große Vorteil einer systematisierten Online-Lehre besteht darin, dass sich durch digitale Tools der Lehraufwand reduzieren lässt. Die passgenaue Taktung und die automatisierte Steuerung von Informationsaustausch und Lernprozessen lässt sich in der konventionellen Präsenzlehre ohne digitale Unterstützung nur mit einem erheblich größeren Aufwand erzielen.
- Online-Lehre lebt davon, dass die richtigen digitalen Tools im richtigen Kontext eingesetzt werden. Zielführend können Lehrende step by step ihr Repertoire erweitern, wenn sie sich die wesentlichen Herausforderungen im Lernprozess vor Augen halten – Passgenauigkeit geht vor Masse.

Anhang

Seihe Abb. A1.1, A1.2, A1.3.

Abb. A1.1 Lösung zu
Feldabhängigkeit

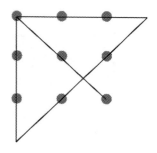

Lösung zu Abb. 1

	Thema	....
	Datum .... Umfang ....
	Details ....
	....
	....
	....
Berücksichtigte Lernstile ankreuzen	....

Ziel und Beschreibung
....
....

Methode(n)
....
....

Erster Lernimpuls

Ziel und Beschreibung
....
....

Methode(n)
....
....

Zweiter Lernimpuls

Ziel und Beschreibung
....
....

Methode(n)
....
....

Dritter Lernimpuls

Abb. A1.2   Vorlage – Planungsskizze Teil 1

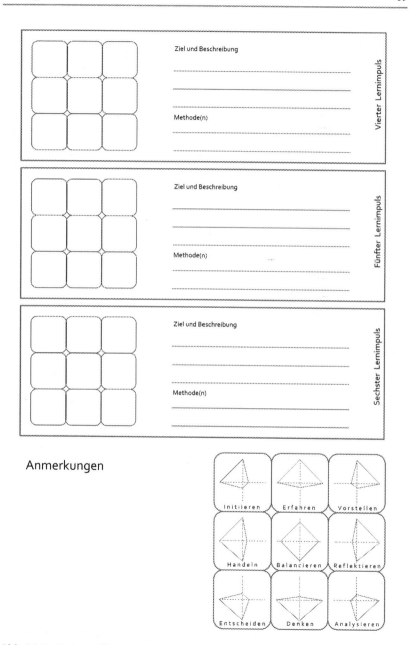

Vierter Lernimpuls

Ziel und Beschreibung
....
....
....

Methode(n)
....
....

Fünfter Lernimpuls

Ziel und Beschreibung
....
....
....

Methode(n)
....
....

Sechster Lernimpuls

Ziel und Beschreibung
....
....
....

Methode(n)
....
....

Anmerkungen

Initiieren   Erfahren   Vorstellen

Handeln   Balancieren   Reflektieren

Entscheiden   Denken   Analysieren

Abb. A1.3 Vorlage – Planungsskizze Teil 2

Literatur

1. Barr, R. B. & Tagg, J. (1995). From teaching to learning. A new paradigm for undergraduate education. Change: The Magazine of Higher Learning 27(6), 12–26.
2. Häfele, H. & Maier-Häfele, K. (2020). 101 Online-Seminarmethoden. Bonn: Manager Seminare.
3. Honsig-Erlenburg, M. (2020, 15. Mai). Transformationsforscher: „Versuchsanordnung, wie man sie nie bauen könnte". STANDARD Verlagsgesellschaft. Download: https://www.derstandard.de/story/2000117494575/eine-versuchsanordnung-wie-man-sie-niemals-bauen-koennte
4. Jonassen, D. H. & Grabowski, B. L. (1993). Handbook of individual differences, learning, and instruction. Hillsdale, NJ: Lawrence Erlbaum Associates.
5. Kahneman, D. (2012). Schnelles Denken, langsames Denken. München: Siedler.
6. Klein, G.S. (1954). Need and regulation. In Nebraska Symposium on Motivation. Lincoln, NB: University Press.
7. Kolb, D. A. (1984). Experiential learning. New Jersey: Prentice Hall.
8. Kolb, D. A., & Fry, R. (1975). Toward an applied theory of experiential learning. In C. Cooper (Ed.). Theories of group process (pp. 33-58). New York: Wiley.
9. Kolb, A. Y. & Kolb, D. A. (2005). The Kolb Learning Style Inventory 3.1: Technical Specifications. Boston, MA: Hay Resources Direct.
10. Kolb, A. Y. & Kolb, D. A. (2009). The learning way: Meta-cognitive aspects of experiential learning. Simulation and Gaming: An Interdisciplinary Journal. 40(3), 297-327.
11. Kolb, A. Y. & Kolb, D. A. (2013). The Kolb Learning Style Inventory – Version 4.0. Experience Based Learning Systems. Download: www.learningfromexperience.com
12. Lewin, K. (1951). Field theory in social sciences. New York: Harper & Row.
13. Lewin, K., Lippitt, R. & White, R. K. (1939). Patterns of aggressive behavior in experimentally crated "social climates". The Journal of Social Psychology, 10, 271-299.
14. Mischel, W. & Baker, N. (1975). Cognitive appraisals and transformations in delay behavior. Journal of Personality and Social Psychology, 31 (1), 254-261.
15. Ninnemann, K., Rózsa, J. & Sutter, C. (2020). Zur Relevanz der Verknüpfung von Lernen, Raum und Organisation. In R. Stang & A. Becker (Hrsg.). Zukunft Lernwelt Hochschule: Perspektiven und Optionen für eine Neuausrichtung (S. 176187). De Gruyter Saur.

© Der/die Herausgeber bzw. der/die Autor(en), exklusiv lizenziert durch Springer Fachmedien Wiesbaden GmbH, ein Teil von Springer Nature 2020
M. Eckert, *Online-Lehre mit System*, essentials, https://doi.org/10.1007/978-3-658-32670-8

16. Pask, G. (1976). Styles and strategies of learning. British Journal of Educational Psychology, 46, 128-148.

17. Reese, J. H. (1998). Enhancing law students' performance: Learning style interventions. Saratoga Springs, NY: The National Center on Adult Learning, Empire State College.

18. Schulz von Thun, F. (1981). Miteinander reden 1 – Störungen und Klärungen. Allgemeine Psychologie der Kommunikation. Reinbek: Rowohlt.

19. Specht, L. B. (1991). The differential effects of experiential learning activities and traditional lecture class in accounting. Simulation & Gaming, 22(2), 196-210.

20. Welbers, U. (2007). Modularisierung und Outcome-Orientierung. In Hochschulrektorenkonferenz (Hrsg.). Bologna-Reader, Bd. 2, Beiträge zur Hochschulpolitik 5/2007. Bonn: HRK.

21. Witkin, H. A., & Goodenough, D. R. (1981). Cognitive styles: Essence and origins: Field dependence and field independence. New York: International Universities Press.

22. Yeganeh, B. & Kolb, D. A. (2009). Mindfulness and experiential learning. OD Practitioner 41(3), 8-14.

23. Zull, J. E. (2002). The art of changing the brain: Enriching teaching by exploring the biology of learning. Sterling, VA: Stylus.